U0500376

博士文库

我国中小型咨询企业的知识管理优化研究

Woguo Zhongxiaoxing Zixun
Qiye de Zhishi Guanli
Youhua Yanjiu

车 尧◎著

知识产权出版社
全国百佳图书出版单位

图书在版编目（CIP）数据

我国中小型咨询企业的知识管理优化研究/车尧著. —北京：知识产权出版社，2016.12

ISBN 978 - 7 - 5130 - 2833 - 2

Ⅰ.①我… Ⅱ.①车… Ⅲ.①中小企业—咨询企业—知识管理—最佳化—研究—中国 Ⅳ.①C932.82

中国版本图书馆 CIP 数据核字（2016）第 148938 号

责任编辑：徐家春

我国中小型咨询企业的知识管理优化研究
WOGUO ZHONGXIAOXING ZIXUN QIYE DE ZHISHI GUANLI YOUHUA YANJIU

车 尧 著

出版发行：	知识产权出版社有限责任公司	网　　址：	http：//www.ipph.cn
电　　话：	010 - 82004826		http：//www.laichushu.com
社　　址：	北京市海淀区西外太平庄 55 号	邮　　编：	100088
责编电话：	010 - 82000860 转 8573	责编邮箱：	823236309@qq.com
发行电话：	010 - 82000860 转 8101/8029	发行传真：	010 - 82000893/82003279
印　　刷：	北京中献拓方科技发展有限公司	经　　销：	各大网上书店、新华书店及相关专业书店
开　　本：	720mm×1000mm　1/16	印　　张：	12.25
版　　次：	2016 年 12 月第 1 版	印　　次：	2016 年 12 月第 1 次印刷
字　　数：	184 千字	定　　价：	38.00 元

ISBN 978-7-5130-2833-2

出版权专有　侵权必究

如有印装质量问题，本社负责调换。

序

　　咨询是一项具有参谋性、服务性的社会活动，可以为社会、经济、政治活动提供决策辅助。我国经济已连续保持了超过30年的高速增长，各类型市场随着行业、产业、产品的不断细分、细化以及企业间智力与非智力因素的竞争而不断发生改变。可以说，竞争性市场的存续催生了咨询业的出现和发展，并逐渐使之成为知识经济下的一项朝阳产业。咨询企业是专门从事咨询服务业务的市场主体，通过向咨询产品的购买方进行知识输出而获得企业利润。咨询企业与咨询客户间存在的知识量差是咨询企业能够维系企业生产经营的根本所在。咨询企业诞生于竞争性市场环境又在市场环境下面临竞争，如何保持咨询企业的市场竞争优势是咨询行业从业者亟待深入思考的一项重要议题。咨询企业只有具备强大的知识获取能力、高效的知识管理水平，方可源源不断地进行"知识生产"，从而形成面向市场客户的知识产品供应。因而，咨询企业内部对于知识的管理水平决定了咨询企业的市场核心竞争能力。

　　本书结合知识生产、运动的自然属性和咨询企业组织整合的内容特点，系统剖析了多维因素下我国中小型咨询企业的知识管理活动，在归纳总结企业的知识管理理论、企业的组织管理理论、社会学、心理学和哲学等相关理论后，分门别类地提出了有关管理咨询企业知识管理活动指标要素的优化评估假设，并据此设计预调查问卷，根据分析统计所回收的预调查问卷的情况，对问卷指标进行修正从而确定最终问卷，并再次将问卷进行二

1

次发放与回收，最终通过科学统计分析得出了影响咨询企业知识管理活动的主要因素以及各因素间的影响关系，为咨询企业提升知识管理效率提供了重要参考。

中国科技咨询协会秘书长　璐羽
2016 年 5 月 16 日

目　录

第1章 绪 论

1.1 研究背景

知识经济时代背景下，企业对知识的依赖程度空前提高，商业竞争比以往变得更加激烈，竞争环境变得更加复杂多变。资本积累速度在知识的作用下正在快速加剧，信息比从前更容易获取，产品、服务及生产过程周期正在缩短，知识已经成为企业创新和提升组织竞争力的关键要素。知识既来源于企业个体员工，又存在于企业的组织结构当中。对于企业而言，如何运用组织自身所掌握的知识，提升管理知识的能力，提升组织的核心竞争力，以保持可持续的竞争优势是非常重要的。知识已经成为维系咨询企业自身生存发展的血液，它是在企业内部促进价值创造的重要因素。

咨询企业是典型的知识密集型企业，依赖于企业内部的专有知识，并通过咨询项目将知识进行传递。咨询企业非常重视可以帮助咨询客户解决问题的知识创新能力。咨询企业的成功在于可持续地向不同咨询客户（咨询产品购买方）销售输出可以被采纳接受的解决问题的方法建议。由于咨询企业要满足不断变化中的咨询客户关于咨询产品的更高要求，所以咨询企业始终处于高压的工作环境当中。也正因为如此，咨询企业尤其注重对于知识的管理与利用，并成为引领企业知识管理研究的领导力量之一。企业通过行之有效的知识管理可以避免不必要的重复性劳动，减少学习时间，并可加快企业生产流程的进度。相比从事其他行业的企业，对于咨询企业而言，知识不仅是一种资源，更是一种有别于其他企业的产品和服务。因此，设计提出高效的知识管理与知识应用策略对于咨询企业而言势在必行，而不同规模的咨询企业所采取的知识管理模式也必然是有所区别的。客观而言，我国的中小型管理咨询企业，至今还没有形成能够突出企业服务特色和企业文化特色的知识管理模式，而大型跨国管理咨询企业集团已经具备了企业独有的知识管理模式、管理咨询的技术方法及问题分析工具，如波士顿咨询集团的波士顿矩阵、通用电气管理咨询公司的ABC 分析方法、麦肯锡的寻人知识地图、埃森哲的专家查询系统、安永的 Employer Referral Program 及咨询方法论等。

咨询企业的市场就是另外一些等待发展的企业，无论是在企业的创业成长阶段，还是处于破产阶段，抑或是有突然出现的发展机会，企业都存在种种疑惑或顾虑，都需要社会有越来越专业的咨询顾问企业提供服务❶。

1.1.1　咨询行业❷市场发展现状及发展趋势

现代咨询企业诞生于 19 世纪中后期，随着英国工业革命的兴起和科学技术的发展，社会分工不断细化，使咨询活动作为人类有目的、有意识地获取、传递和利用知识的行为成为可能❸。英国建筑师约翰·斯梅顿发起组建了一个"土木工程协会"，标志着咨询正式开始成为一个独立的行业。管理咨询最早出现于 19 世纪末的美国❹。特别是 19 世纪 90 年代以来，科学技术和社会经济的飞速发展促进了咨询业无论在数量上还是在规模上都出现了前所未有的跨越式发展。

截止到 2010 年年底，全球管理咨询市场交易额已突破 350 亿美元。图 1

---

❶ 王众托，吴江宁，郭崇慧. 信息与知识管理 ［M］. 北京：电子工业出版社，2010：82.
❷ 著者所提及的咨询行业的经营范围不包括心理咨询和教育咨询，泛指企业的管理咨询。
❸ 郑成文，伍晶. 管理咨询：制度建设与本土化 ［M］. 北京：中国经济出版社，2007.
❹ 许丁. 国外管理咨询企业运营经验借鉴 ［J］. 科学之友，2007（03）：85 - 86.

是根据 Caribbean Export Development Agent 公司的统计数据制作的，能够反映自 2006 年以来全球管理咨询行业营业额的年度增长变化情况。

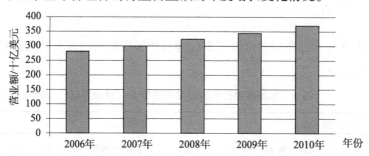

图 1 2006—2010 年世界管理咨询市场增长情况

1.1.1.1 国外

欧洲、美国、日本等西方发达国家对于咨询服务行业的研究相对成熟。其研究可划分为三个阶段，具体阶段内容见表 1。

表 1 国外发达国家咨询服务的研究阶段及内容对照 （著者整理）

	阶　段	研究内容
第一阶段	19 世纪 80 年代—20 世纪 60 年代	该阶段针对咨询服务的研究大多是停留在探索、论证咨询产业生产力的问题上
第二阶段	20 世纪 60 年代—20 世纪 90 年代	期间的研究重点是各种工具和方法，包括全面质量管理、持续质量改进、质量循环，并逐渐将其运用到美国和欧洲的企业管理实践中
第三阶段	20 世纪 90 年代末至今	此阶段里许多咨询公司以信息技术的咨询服务和系统应用为核心，随着企业管理咨询研究内容的不断深入和丰富，慢慢转向专门知识领域的研究

国外发达国家的咨询业以咨询产业化、咨询网络化、咨询多元化、咨询高档化作为发展战略方向，已成为这些国家国民经济中一个举足轻重的行业。全世界咨询与信息服务业的营业额已达数千亿美元，营业额的年增长率超过10%。在发达国家，95% 以上的企业每年要委托外界咨询服务机构为其进行战

3

略、组织、生产、管理、信息技术等方面的咨询服务❶。

1.1.1.2 国内

我国商业咨询服务活动起源于 20 世纪 80 年代初期，其发展大致经历了两个阶段，见表 2。

表 2　我国咨询行业的发展阶段情况（著者整理）

	发展阶段	发展情况
第一阶段	萌芽期（1981—1992年）	最早出现的是"点子公司"（如名噪一时的何阳"点子"公司）。当时我国市场供求严重脱节，出现了产品积压与市场脱销并存的现象。"点子公司"作为供求双方的中介和联系纽带，救活了不少厂家。但随着市场的连通，产品数量和品种的增多，靠"点子"打市场的神话随即破灭。之后，又出现了一批"策划"公司。他们利用各种技巧包装、炒作企业或产品，以吸引消费者的眼球。这些"策划"公司一方面在客观上促进了市场的繁荣和发展，另一方面也加剧了市场的混乱，影响了咨询业的整体形象
第二阶段	职业化发展时期（1993年至今）	这一时期我国市场供求关系发生了根本性的变化，产品供给远远大于需求，日益激烈的市场竞争使企业迫切需要职业化、规范化的管理咨询公司为其长远发展出谋划策，于是一批有专业技术的高智力人才步入管理咨询业，汉普、新华信等职业化的本土管理咨询公司应运而生。同时，许多国外著名管理咨询公司如埃森哲、麦肯锡、科尼尔等跟随他们的老客户也进入中国市场，为国内管理咨询业的职业化、规范化发展推波助澜

1. 我国咨询业现阶段的发展水平

据北京新华信管理咨询公司统计，2003 年我国咨询业营业额为 90.34 亿元人民币，2004 年至 2010 年，中国咨询市场年平均增长率高达 30%。另据世界著名咨询公司罗兰·贝格的预测，2010 年到 2020 年，我国咨询市场年均增长率亦可维持在 20% 左右。如果以企业雇员 500 人、年营业额 5000 万美元为标准来划分大型咨询企业和中小型咨询企业，实事求是而言，截至目前，还没有一家诞生于我国本土的大型咨询企业集团，即使以发展较早、在

---

❶　车尧. 我国管理咨询市场现状分析与研究［D］. 东北师范大学，2008.

国内与其他本土型咨询企业相比已有很高知名度的新华信国际信息咨询（北京）有限公司为例，其在 2010 年的年营业收入也仅为 2.5 亿人民币左右。所以著者认为现在我国所有的本土咨询企业，从严格意义上讲都属于中小型咨询企业的范畴，但是发展的速度非常迅猛。

2. 国内咨询行业市场现状

北京新华信正略钧策管理咨询公司，是目前在针对国内咨询市场现状研究方面做得比较出色的研究机构。自 2002 年以来，该公司已经连续 7 年对中国沪深两市全部上市公司进行关于管理咨询采购状况的调查研究，每年推出《中国管理咨询行业市场发展研究报告》，旨在研究分析中国管理咨询市场的变化和发展，提高从业企业对市场的认识和理解，同时为客户选择管理咨询服务提供参考依据。

正略钧策选取每年年底截至日前的所有上市公司进行调研，每年成功访谈 1000 家以上的企业，平均占所有上市公司的 80% 以上，并以此形成高价值的上市公司数据库。

2003 年的调查对象为 1197 家在 2003 年之前上市的企业，并成功访谈 889 家；2004 年的调查对象为当年以前在沪深两市上市的 1285 家上市公司企业，并成功访谈 950 家；2005 年成功访谈上市企业的数量为 1049 家，该数字占到 2004 年沪深两市上市企业的 76%；2006 年的研究调查对象为 2006 年以前，在沪深两市证券交易所上市的 1333 家企业，并成功访谈 1161 家，占两市国内公司总数的 87%；截至 2007 年年底，沪深两市共有 1563 家上市公司，调研共访谈 1351 家，访谈率达 86.4%，其中回收有效访谈问卷 1210 份，有效问卷率为 77.4%；截至 2008 年年底，沪深两市共有上市公司 1575 家，其中成功访谈 1290 家，占两市国内公司总数的 81.9%。❶ 2003—2008 年新华信调查及成功调查企业数量如图 2 所示。

---

❶ 车尧. 我国管理咨询市场现状分析与研究 [D]. 东北师范大学，2008.

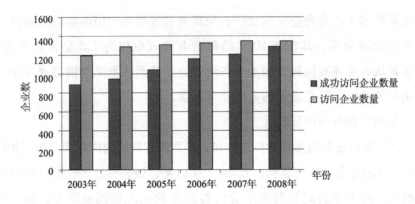

图2　2003—2008年新华信调查及成功调查企业数量情况

3. 管理咨询市场渗透率

"市场渗透率是衡量客户市场开发成熟的一项重要数据指标。管理咨询行业的市场渗透率＝曾经购买过咨询服务的上市公司数/上市公司总数。"❶

调查数据表明2000年以来，我国的管理咨询市场逐渐兴起，到2007年12月，管理咨询市场渗透率已高达67.44%，具体年份的市场渗透率如图3❷所示。

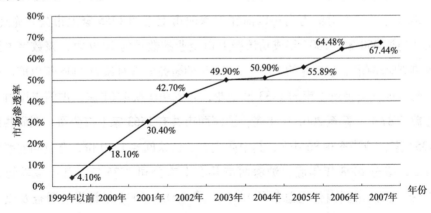

图3　1999—2007年我国管理咨询市场的渗透率变化情况

❶ 车尧. 我国管理咨询市场现状分析与研究 [D]. 东北师范大学, 2008.
❷ 赵民, 高珊, 杨力. 2008年度中国管理咨询行业市场发展报告 [R]. 北京.

根据数据可以清晰地看出十几年来我国管理咨询业的市场渗透率呈连续增长态势，1999—2003 年五年间，从 1999 年之前的 4.1% 跃升至 2003 年的49.9%，年均增量超过 11 个百分点。但在接下来的 2004 年，增量明显放缓，为 10%。2005 年，我国管理咨询市场渗透率为 55.89%。2007 年国内管理咨询服务市场的市场渗透率达到 67.44%，较 2006 年同期的 64.48% 增长 2.96个百分点，增幅为 4.59%。据图形可以看出，从 2001 年至 2003 年市场渗透率快速增长，但增幅逐年放缓，自 2004 年至 2007 年，四年间的市场渗透增长率都在 16.9% 以内，表明国内管理咨询市场的需求增长趋于稳定。

　　4. 管理咨询市场的客户比例

　　客户比例 = 当年接受过管理咨询服务的上市公司数量/当年上市公司总数。

　　2000 年至 2008 年我国管理咨询行业客户比例增长情况如图 4❶ 所示。

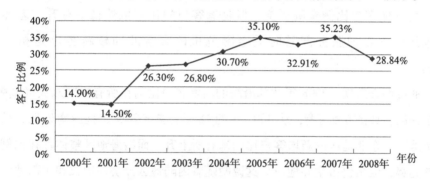

图 4　2000—2008 年中国管理咨询市场客户变化情况

　　5. 老客户群成为客户群的主力军

　　如果将老客户定义为 2008 年之前（包括 2008 年）采购过咨询服务的企业客户，新客户定义为 2008 年采购过但之前从未采购过管理咨询服务的企业客户，那么 2001 年至 2008 年期间，老客户占全体客户的比率变化趋势如图 5 所示❷。

---

❶ 赵民，高珊，杨力. 2008 年度中国管理咨询行业市场发展报告 [R]. 北京.

❷ 同❶。

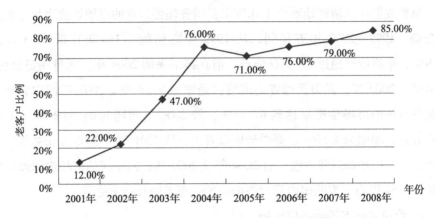

图5　2001—2008年老客户所占比例的变化情况

可以看出，2001年至2004年是老客户比例迅猛增长的阶段，而2004年以后老客户比例则处在一个小幅平稳的上升期。虽然在2008年中国管理咨询市场总体客户比例有所下调，但是老客户的比重依然稳中有升，老客户在采购管理咨询服务产品时受金融危机的影响波动较新客户是相对较小的。

通过调查发现，2008年北部沿海的新增客户比例在所有中国八大区域❶中增幅最高，如图6所示❷，从2007年的18%上涨至24%，且西南地区、长江中游地区、东北地区的新增客户比例都有所上升，而沿海地区整体存在比例下滑的趋势，但是仍占主导地位。这说明随着内陆地区经济的增长和东部地区产业布局及结构的调整，许多企业正加快向中西部地区内迁转移，越来越多的内陆企业正在扩大，管理咨询公司应该及时把握市场动向，进一步打开和发展内陆地区企业对管理咨询产品的需求。

---

❶ 中国八大经济区域的划分：南部沿海地区（广东、福建、海南）；东部沿海地区（上海、江苏、浙江）；北部沿海地区（山东、河北、北京、天津）；东北地区（辽宁、吉林、黑龙江）；长江中游地区（湖南、湖北、江西、安徽）；黄河中游地区（陕西、河南、山西、内蒙古）；西南地区（广西、云南、贵州、四川、重庆）；西北地区（甘肃、青海、宁夏、西藏、新疆）。（中国国务院发展研究中心"十一五"规划区域发展战略）

❷ 赵民，高珊，杨力.2009年度中国管理咨询行业市场发展报告［R］.北京.

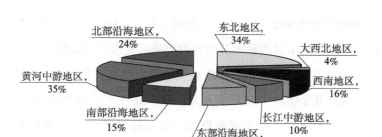

图 6　2008 年地区新客户增长比例分布

　　2007 年管理咨询服务客户依然主要集中在广东、上海、浙江、江苏、北京、山东，而福建、云南、天津、贵州、甘肃的客户比例位列当年各省、自治区、直辖市客户比例排名前五名；浙江、江苏两省上市公司采购咨询服务的比例都有所上升，从 2006 年的第二军团进入到了第一军团，尤其是浙江省，超越上海，成为东部沿海中采购咨询项目绝对数量最多的省份（包括自治区、直辖市）。福建超越了 2005 年和 2006 年的冠军——云南，夺得了客户比例排名第一的位置。另外黄河中游地区和东北地区的管理咨询市场迅猛发展。其中前者的客户比例在 2008 年以 35% 的高增长率，从 2007 的第七跃居第三；东北地区则以 34% 的增长从 2007 的第八上升到与东部沿海地区并列第四。东北地区是支撑中国重工业的产业基地，在振兴东北老工业基地战略实施后，国有经济的控制力和影响力得到明显提升，这给东北带来了新的活力，改革开放以来被拉开的发展差距也开始逐年缩小，经济在 2007 年进入了高速发展的阶段❶。

　　6. 管理咨询市场按"大都市经济圈"的分布状况

　　2008 年正略钧策管理咨询公司以我国的九大"大都市经济圈"❷ 为依据，

---

❶　赵民，高珊，杨力. 2009 年度中国管理咨询行业市场发展研究报告［R］. 北京.

❷　九个"大都市经济圈"是：沈大（沈阳、大连）；京津冀（北京、天津、唐山、秦皇岛、石家庄）；济青（济南、青岛、烟台）；大上海（上海、苏州、无锡、常州、宁波、杭州）；珠江三角洲（广州、深圳、珠海、汕头）；吉黑（长春、哈尔滨）；湘鄂赣（武汉、长沙、南昌）；成渝（成都、重庆）和其他。

利用 SPSS 的列联分析和回归分析统计功能，将 2007 年我国的管理咨询市场进行了细化研究，并指出目前我国管理咨询市场存在以下特点❶：

（1）管理咨询服务客户主要集中在大上海、珠江三角洲和京津冀经济圈。

作为中国经济发展的三大龙头，大上海、珠江三角洲和京津冀三个"大都市经济圈"成为上市公司主要聚集地，也是管理咨询服务现有客户与潜在客户的主要来源。相应地，这三个经济圈的采购管理咨询服务的上市公司的绝对数量也是最多的。

（2）济青经济圈和成渝经济圈的客户比例分别位居榜首与榜尾。

大上海、珠江三角洲和京津冀三个"大都市经济圈"虽然在管理咨询服务客户的绝对数量中名列前三，但在客户比例中，济青经济圈以 43.5% 超越三大经济圈位列第一；而珠江三角洲、京津冀和湘鄂赣分别以 38.8%、37.8% 及 36.7% 紧随其后，属于第二梯队；沈大、吉黑和大上海经济圈分别以 29.6%、28.0% 及 27.1% 列入第三梯队；成渝经济圈的客户比例仅有18.2%，远落后于其他经济圈。

7. 影响客户采购不同咨询服务类型分析

新华信在调研不同规模、不同上市时间、不同盈利能力和有着不同咨询服务经历的咨询客户企业后，研究发现不同咨询客户企业在购买咨询服务时通常有以下特征表现：

（1）战略咨询及人力资源对于所有类型的企业都是需求最大的。

（2）对于规模小、上市时间短、盈利能力较低的企业来说，此时如何迅速打开及占领市场、扩大市场份额、提高营业收入是亟待解决的问题，因而营销方面咨询的需求量较大。

（3）对于规模中等、盈利能力一般、上市时间居中的企业来说，此时面临着企业规模扩大、组织机构日益复杂化的问题，因而，如何精简组织部门、优化组织结构、提高生产效率是企业最关心的问题，组织与流程方面的咨询是

---

❶ 赵民，高珊，杨力. 2009 年度中国管理咨询行业市场发展报告 ［R］. 北京.

该客户群所最为关注的。

（4）对于规模偏大、盈利能力好、上市时间较长的企业而言，资本运作是他们最为需求的咨询业务。当企业日益趋于成熟，单一化的市场已经不能满足他们的需求，此时并购、重组等方面的扩张活动会逐渐成为咨询项目的主题内容，因而如何吸引投资者、管理好资本是他们所关心的方面。企业总资产的大小对其接受财务及资本运作方面的咨询有着显著的影响，规模越大的企业，接受财务及资本运作咨询的可能性越高。

8. 企业选择咨询公司的标准

当企业确认了咨询需求和掌握咨询公司信息后，处理既得信息，对咨询公司进行评估和选择是一项很重要的环节。企业选择咨询公司时考虑的标准主要有管理咨询公司的业务专长能力、咨询公司服务收费水平和咨询公司的知名度三项，对这三种不同因素赋予不同的权重，可以衡量各因素在客户公司决策行为中的重要程度。通过调查，2008 年企业选择咨询公司的三项重要因素情况如图 7❶ 所示。

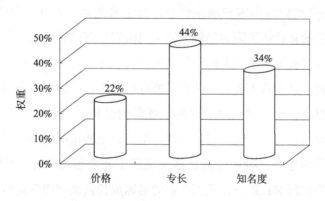

图 7 2008 年企业选择咨询公司的参考指标情况

9. 2008 年企业对咨询服务的认可情况

2008 年的调查情况表明，有 19% 的企业表示未来若有需求一定会继续

---

❶ 赵民，高珊，杨力. 2009 年度中国管理咨询行业市场发展报告 [R]. 北京.

采购咨询服务，29%的企业认为很有可能会继续与咨询公司合作，26%的企业认为有可能会继续与咨询公司合作，但是有21%的企业认为不太可能继续和咨询公司合作，且有5%的企业表示不会再和咨询公司合作，如图8❶所示。

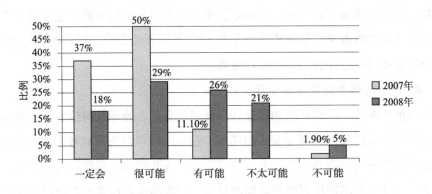

图8　2007年和2008年企业采购管理咨询服务倾向对比

10. 2004—2008年企业对咨询服务满意度变化

根据图9❷可以看出客户满意度总体呈上升趋势，但比起2007年，2008年的企业满意度有总体下降的趋势，说明我国管理咨询业经过一定阶段的发展后，正在走向高服务水平的发展阶段，但是满意度上升过程中存在反复，依然有企业对咨询产品表示不满意。原因主要有以下几点：第一，咨询公司内部服务水平有待提高，在肯定发展的同时，各咨询机构也应该从内部提高自身素质，不断规范行业行为，加强行业自律；第二，金融危机的冲击暂缓了咨询满意度稳步上升的趋势，2008年的经济环境属于非常态化状态，对咨询服务的评价也可能受此影响；第三，我国企业的迅速成长发展和国际化的进程对我国咨询业的发展提出了更高、更新的要求。咨询公司应该在巩固自身优势、加快拓展服务项目范围的同时，着力提高公司的弱势服务项目，努力做到化优势为绝对优势、化弱势为相对弱势。

---

❶　赵民，高珊，杨力. 2009年度中国管理咨询行业市场发展报告［R］. 北京.
❷　同❶。

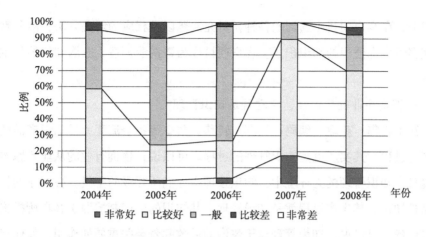

图 9 2004—2008 年企业咨询满意度变化情况

1.1.2 咨询企业的知识管理

在咨询这一高度知识密集型、智慧密集型产业中，可以说知识既是资源又是产品，是管理咨询企业的立足之本、服务之源、发展之根、竞争之器。因此开展实施知识管理工作也就成为咨询企业提升核心竞争力和增强为企业服务能力的必由之路❶。

1.1.2.1 咨询企业知识管理的业务特点

1. 核心产品就是知识的自身

知识在奠定现代企业的竞争优势中发挥着举足轻重的作用。然而对于大多数企业而言，知识资本往往仅是作为一种中间产品，必须将其融入到产品或服务过程中才能创造出价值。但是对咨询业而言，其所售出的商品正是解决问题的方案，所以核心产品正是知识本身。

2. 客户提出的很多问题能够促发知识的产生

对咨询公司而言，新知识几乎都产生于尝试解决新问题的方案规划的制定

---

❶ 杜华伟. 论管理咨询企业的知识管理[J]. 商界，2007（1）：75-76.

过程中，在客户项目中遇到的种种新研究课题以及相应的解决办法，潜移默化地充实着咨询公司的知识积累。客户项目成为咨询业创造、获取知识的最主要渠道。

3. 咨询企业的生产经营活动就是知识管理

知识收集、获取、编码、储存、转移、共享等各个流程就是知识产品的生产制造过程，其实质就是知识管理的过程。可以说，咨询行业的从业者原本就是置身于知识管理的大环境中，知识管理是他们所呼吸的空气。咨询业的核心产品是知识，其生产过程就是知识管理，其知识的生产制造源于客户所提出的项目任务。可以说，知识管理对于咨询的成败起着至关重要的作用，如何有效地进行知识管理也成为咨询业必须考虑的问题❶。

4. 知识管理范围广泛

总体而言，咨询行业里所涉及的知识可以被人为地划分为三大类别，即行业知识、区域知识和领域知识。咨询公司需要针对不同行业，逐渐积累各行业内的市场信息、服务模式和企业相关信息等，并加以整合存储。对于企业自身需要掌握的专业技能，咨询公司也要进行相应的知识积累，如项目管理、财务管理、人力资源管理、业务流程管理等。

5. 知识管理强调专家知识共享和最佳实践的使用

来自于不同行业领域、区域的多元化的客户需求，使得咨询企业不可能面面俱到地掌握所有知识。因此，咨询专家人员应该学会利用最为有效的工具，包括：（1）针对企业最佳实践而展开的深入研究和剖析以及细化领域内知识的积累；（2）咨询从业者丰富的经验和知识以及其结构化的思维方式。

1.1.2.2　咨询企业知识的划分与技术实现

考虑信息技术在知识管理中的应用情况，在通过对世界排名前 15 的著名

❶　王丽娟，孔令鹏. 咨询公司的知识管理应用探讨［J］. 图书情报工作，2008，2（52）：138 –143.

咨询公司知识管理案例进行深入研究和分析后，可以把咨询机构的知识体系划分为三大类别，见表3❶。

表3　咨询企业知识的划分（著者整理）

类别	内容及范围
专业性知识	专业性知识属于隐性知识，是指从存在于咨询企业外部的描述商业世界里各行业、各区域和各企业的海量信息中，根据某些特定问题进行信息收集和加工后而产生的知识，如某区域的宏观市场信息、某行业的发展趋势信息、某类政策法规信息、服务客户的信息等。信息技术使针对这类知识的管理发生了革命性的变化，专业性知识可以采用一定的技术手段自动化实现，大大提高了知识获取的效率，同时专业性知识也可以由专业信息服务商提供，并且后者将成为未来的一个发展趋势。这类知识对于咨询企业的业务增值价值较大，但是需要配备专门的部门和岗位负责该知识体系的维护，也可以采用外购信息服务的形式
专家知识	专家知识属于隐性知识，属于个人拥有的、难以简单描述的知识，如企业管理经验、项目管理经验、客户沟通经验、某类管理问题解决方案、成功项目案例经验等。这类知识的产生不能够进行标准化，需要专家通过文档总结等形式提炼出来，但其质量较难控制，且不易复制。针对这类知识可以采用一对一交流、专家指导或者团队讨论等形式实现知识的共享和传播，随着互联网的发展与普及，也产生了很多新的知识共享模式，这类知识增值价值很大
业务与流程知识	业务与流程知识属于显性知识，是在业务过程中产生的知识，与业务紧密联系，如项目过程文件、顾问工作报告、专业公司（价值联盟）报告、经验沉淀等。管理、制度、流程、企业文化等组织专有的知识都属于业务与流程知识。这类知识随着业务发生而产生，是上述两种知识显性化的产物。这类知识以文档的形式存在，容易获取，知识增值价值一般，能够通过 IT 系统的支持，提高知识利用效率，同时需要设置专门部门负责该类知识体系的维护

通过研究分析上述这些能够保障实现咨询企业知识管理需求的知识体系，著者发现咨询企业在进行知识管理的活动过程中应用了较多的技术手段，而且它们具备一定的通用性。主要的信息技术手段见表4❷。

---

❶　王丽娟，孔令鹏. 咨询公司的知识管理应用探讨 [J]. 图书情报工作，2008，2（52）：138 − 143.

❷　同❶。

表4　咨询企业知识管理所需的信息技术分类及相关说明（著者整理）

序号	信息技术种类	具体说明
1	智能搜索技术	知识管理中的智能搜索，主要指咨询企业从海量信息中自动抓取数据信息并将其推送给用户，或者从企业内外部各类异构数据源中进行综合数据检索的应用技术。涉及的具体技术包括自动化搜索技术、信息自动抓取技术等。专业性知识和业务与流程知识对于这类技术的应用较多，且能够带来较大的知识增值效益
2	文档管理	文档管理主要指与业务相关的各类文献的分类记录、存储、检索和发布共享以及 Web 文档的链接服务等。涉及文本超链接技术、文本推送服务、文本质量监控、全文检索和模糊检索等。文档管理主要针对的是业务与流程知识的管理，能够将咨询业界最佳实践和咨询项目经验更好地在企业内部共享，实现咨询过程的学习复制
3	知识地图	论实质，知识地图就是一张知识导航图，可以帮助人们快速定位查找所需知识资源。浅显地说，接手一项新业务或新流程时，过去没有做过的人开始时一定会感到茫然。这时候一份关于这项业务、流程、领域或者职责的所有知识汇总，经过科学合理的分类，让新进入者能够由浅入深、迅速掌握这个领域内的信息知识，这就是知识管理学界所说的知识地图。知识地图能够实现对专家知识和业务与流程类知识的自动导航及查找，可大大提高员工获取知识的速度及质量
4	E – learning	E – learning 是指通过计算机、网络等数字平台方法进行学习活动与教学任务，它充分利用 IT 技术所提供的、具有全新理念的沟通机制与丰富资源储备的学习环境，来实现一种新的学习方式。电子化的学习方式提供了学习知识的随时随地性，从而为终身学习提供了可能。E – learning 能够通过网络以多媒体的形式实现对专家知识、业务与流程知识的发布、共享，大大提高这两类知识的共享效果和知识获取质量
5	协同知识管理	协同知识管理（Collaboration Knowledge Management，CKM）是人力资源管理与知识管理的有机结合，从理念与文化、组织扁平化、执行与过程控制及方法体系、知识门户 4 个方面为客户提供管理思想、咨询服务以及信息技术解决方案。协同知识管理通过员工之间的知识互动，有力地促进了专家知识的共享与业务及流程类知识的创新

上述几项信息技术手段以咨询企业经常遇到的三大类型知识为对象，交叉作用并各有侧重，为咨询企业带来了不断提升的咨询服务能力和巨大的商业价

值。根据这三大类知识的特点，它们之间满足隐性知识和显性知识相互转换的条件，其相互转换关系如图 10 所示。

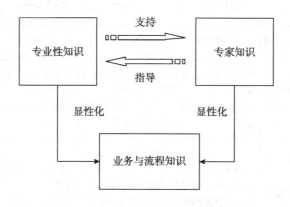

图 10　咨询企业中三大类型的知识关系

1.1.2.3　大型咨询企业的知识管理

目前来看，大型跨国咨询企业不论是针对知识管理流程的方案设计规划的完善程度，还是知识管理活动中所使用的技术方法或工具手段的科学严谨性，都是目前阶段国内中小型咨询企业不能企及的，可以说有相当数量的国际著名大型咨询企业已经建立起了相对完善且各具特点的知识管理体系。在这些知识管理系统的作用下，大型咨询企业提高了信息收集的效率，加快了将信息转变为知识的速度，提供了知识创新的土壤，优化了向咨询客户企业进行知识转移的效用，从而也保障了咨询企业自身可持续的竞争优势。

西方发达国家咨询企业的知识管理活动起步早，发展得已经很成熟，有很多值得我们学习借鉴之处。表 5❶ 对 5 家国际著名大型咨询企业在各自的知识管理过程中所应用的技术手段进行了平行比较。

---

❶ 王丽娟，孔令鹏. 咨询公司的知识管理应用探讨 [J]. 图书情报工作，2008, 2 (52)：138 – 143.

表5　大型跨国管理咨询公司的知识管理技术应用分析

公司名称	智能搜索	知识地图	文档管理	E-learning	协同知识管理
麦肯锡	常规文献检索数据库——标题、关键词检索 外部资源链接 全球范围内KM系统检索	寻人数据库 对数据库和专家提供知识资源指南 文档和著者的链接	文献库：文献资料的类型、核心内容、文献所属的类别、文献检索 业务项目数据库、项目经验	创办内部刊物 科学学习制度(Home Friday、导师制、培训) 设立专门机构保证学习	全球一张损益表,进行全球考核 知识百分之百立方 麦肯锡共同的客户
埃森哲	提供外部资源搜索 可查询系统内3500个数据库、150万页面文档	escheduling网站,包含了所有员工的最新简历 专家查询	对项目经验归类,提供业务资料库全球同步更新,文档按市场、行业、服务领域进行分类	兴趣社区和知识社区 电子学习系统专题门户	全球知识管理策略,确立标准流程分享知识 全球化的知识资本标准运行流程
安永	智能搜索外部商业致据,从道琼斯、路透社等专业机构购买信息 公司内部网页、文档、专家和政策查询	智能专家查询,提供链接专家 使用empoleyee referral program定位员工,提供员工经验描述	集成文档数据库,提供文档搜索、文档使用权限管理 个人文档上传 按不同行业组织业务文档	没有提供独立的E-learning平台,以部门的形式提供该功能	设立商务知识中心、协调人、过程和技术三方面信息 专家小组协同管理更新信息库
IBM(GBS)咨询公司	检索内部网页和数据库 外部资源链接 每个岗位有访问一定信息和应用的限权	专家网络,通过网络在全公司范围内寻找专家	将文档管理整合进流程 流程不同阶段自然管理文档 从保存文档开始,自然启动一个商业流程	根据员工的角色、职务、等级给予相应课程 IBM全球校园学习中心	E-meeting 企业社区、员工交流 把内容和流程整合在一起,合理利用知识
贝恩	GXC系统内高效检索案例、专家、数据资源等链接专业信息提供商,按行业、公司等检索外部资源	公司内部员工查询(People Finder) 系统内知识导航	按行业、市场等分类汇总案例文档 高效文档检索 员工可上传个人文档	Bain Virtual University学习相关工具及技能 提供学员交流、提问平台	提供专家解答的视频模块 知识专家、知识员工、合作伙伴和信息服务商相互协作

1.1.2.4　中小型管理咨询企业的知识管理

我国中小型管理咨询企业发展至今，虽然在数量上具有一定规模，但是企业的实力与国外大型咨询企业相比依然还有相当大的差距。我国中小型管理咨询企业在开展项目时仅有少数企业能够较快投入项目运作，能够运用业务流程模板节省重复劳动时间；而大多数企业在项目开展前期的准备工作环节就要花费很长时间，由于没有成型的知识管理模块，导致每个项目都需从头做起，工作效率低下，成本升高。有"知识管理专业运用界领头羊"之称的深圳蓝凌管理咨询支持系统有限公司在《知识管理趋势——中国 2006》调查研究报告中指出："我国知识管理实践活动刚刚起步，知识管理战略规划和实施模式不明确，从而导致知识管理无法落实到实处。"目前我国中小型管理咨询企业的知识管理现状可以归纳为以下几点：

（1）对于知识管理的认识程度不足。目前很多处于起步阶段的中小型管理咨询企业还没有意识到知识管理的重要性，一些企业甚至认为知识管理就是档案管理，显然这不利于企业的成长。在这种思想认识下企业无法提高核心竞争力，无法从事知识创造、创新、交流的工作。

（2）企业正在实施的知识管理建设进程缓慢。部分中小型管理咨询企业已经开展知识管理方面的相关建设工作，主要包括设立知识管理部门、收集整理企业所需的信息资源、参照国际著名大型咨询公司的相关经验初步建设知识管理系统。但是，系统建设进展较慢，且在知识管理模型、企业文化、企业管理制度和组织结构模式等建设方面的投入力度不足，建设标准也远不如跨国知名大型咨询企业。

（3）一些已经实施知识管理的企业没有取得预期效果。部分已经开展实施知识管理的国内中小型管理咨询企业，还没有明显感受到知识管理投入后的产出，这也成为影响企业继续开展实施知识管理建设积极性的因素之一。

1.1.3　中小型管理咨询企业实施知识管理优化的必要性

从目前管理咨询行业的整体现况看来，多数中小型管理咨询公司普遍存在"三无"问题，即无核心知识、无核心人才、无核心客户的企业经营难题。具体说来，无核心知识的表现：中小型管理咨询公司没有在行业内具有影响力和竞争力的咨询解决方案，少数管理咨询企业更是"现炒现卖"。无核心人才的表现：中小型咨询公司在所涉及的业务领域内无领头人，熟知管理理论、精通管理技术并有着丰富实际管理经验的复合型人才奇缺。无核心客户的表现：部分管理咨询公司因为无核心知识、无核心人才，客户层次不高，客户对项目实施满意度不高，做项目经常收不回尾款，往往是一单式合作，客户忠诚度不高。存在"三无"问题的小型咨询公司往往没有市场竞争力，项目实施成功率不高，对客户与项目把握不准。由于以上"三无"问题的存在，多数中小型管理咨询企业的团队学习与知识管理环节相当薄弱，具体表现为：

1. 部分公司没有进行知识库建设

部分小型管理咨询公司对知识管理没有认识，没有自己的知识库，也从来没有进行过知识库的规划建设工作。当项目实施需要相关知识与资料而找不到时，只得到处胡乱搜索，大大降低了工作效率。

2. 没有利用现代信息技术进行知识库整合

部分小型管理咨询公司虽然建有自己的知识库，但其库里往往是一些资料数据的简单堆砌，多显性知识，隐性知识很少，没有很好地对知识库进行整合，知识管理极为粗放，知识库的利用率不高。在使用知识库时，往往是资料数据的简单上传和下载，而没有充分利用现代信息技术建立起知识（管理）系统来对知识进行整合、管理和创新。

3. 知识管理体系不完善

知识管理体系不完整，主要是知识管理环节、人员、制度和文化等环节不到位。（1）知识管理力量薄弱。部分小型管理咨询公司不愿意设立专门部门或专人负责知识管理，知识管理没有得到重视。（2）知识管理流程不完善。部分管理咨询公司的资料与知识在数据库中也只是被简单地堆砌在一起，没有专人对数据库进行分析、整理、归类汇总和研究分析，没有形成信息采集、信息加工、知识提炼、方案形成与方案应用等较为完善的知识管理流程，知识利用率不高。（3）知识管理制度不健全。在知识管理上，一些中小型咨询公司没有自己的知识管理制度，更没有形成相应的知识管理文化，没有从组织环境上对知识管理体系进行完善。

4. 知识共享不充分

主要体现在：（1）部分咨询公司的知识库不健全，可供共享的、有价值的知识与资料不多，多为数据资料的简单堆砌；（2）部分咨询公司的成员不愿意知识共享，组织内部知识共享无从谈起；（3）知识管理技术落后，团队成员经常来不及将最新知识入库共享。

5. 无核心知识和解决方案，知识应用力差

对咨询行业而言，核心知识体系和解决方案决定了咨询公司的高度，决定了咨询公司的项目运作能力，决定其盈利能力，决定了咨询公司自身在行业中的地位。部分小型咨询公司没有好的知识管理体系，加上缺乏核心人才，自然就难以形成其核心知识和解决方案，知识应用能力不强。

6. 团队学习跟不上业务发展要求

个别中小型管理咨询公司的团队学习不到位，团队成员素质跟不上公司业务发展需要。究其原因如下：（1）少数团队成员的学习意识不强，不愿意接受新理念、新事物；（2）团队学习氛围不浓，组织对外界环境变换不敏感；（3）公司没有知识库供团队成员学习成长，没有运用知识管理系统来提升成员能力和素质；（4）部分中小型管理咨询公司不注重对公司员工进行相关训练，他们使用有一定基础的咨询顾问，便于很快上手，但又不注重对咨询顾问进行后期培养，导致人员能力素质跟不上业务发展要求，这在少数中小型管理咨询公司表现明显。

知识是管理咨询公司提供服务的核心，知识是咨询企业的生命，知识管理

对咨询公司至关重要。而知识与信息的更新在不断加速，社会对知识的要求也不仅是掌握了多少知识，更在于组织学习与吸收知识的速度有多快。咨询公司作为知识供应商，学习与吸收知识的速度务必要快过所服务的客户，因而中小型咨询公司的学习与知识管理必须引起足够重视。

1.2　研究意义

1.2.1　学术价值

1.2.1.1　选题视角独特

著者主要研究如何提升中小型咨询企业的知识管理的效用问题，通过结合知识的生产和流动过程以及咨询企业的组织整合内容，提出针对适用于我国中小型咨询企业的知识管理优化评估模型。根据著者所掌握的大量相关资料，目前来看，和著者所选题目相关相近的文章、文献并不多见。著者于 2010 年 8 月 17 日，以"咨询企业"和"管理"为并列题名检索项，在 CNKI 中国期刊全文数据库选择跨库查找所有年代，仅检出文献 18 条，其中中国期刊全文数据库收录检出结果 16 条，中国期刊全文数据库——世纪期刊收录 1 条，中国优秀硕士学位论文全文数据库包含结果 1 条。之后著者又以"咨询公司"和"管理"为并列题名进行检索，仅检出结果 3 条，其中收录于中国期刊全文数据库 1 条，收录于中国优秀硕士学位论文全文数据库 2 条，题目分别为《WIS咨询公司管理信息系统建设方案规划》和《管理咨询公司的管理模式创新研究》。采用上述两次检索条件，著者在万方学术及万方期刊两大数据库中检出命中项目共计 498 条，其中博士学位论文 3 篇，分别是《管理咨询企业的中小要素研究》《支撑中小企业的信息管理与咨询服务体系研究》和《基于知识中介的管理咨询公司知识经营研究》；在 CALIS 清华大学学位论文中心服务系统中检索出与本研究课题选题相关的论文数为 32 篇（与万方学术论文数据库的检索结果重复较高）；在中国人民大学学位论文全文数据库中检索得出与本研究题目较为相近的论文有 7 篇，分别是《管理咨询公司竞争情报服务研究》《管理咨询公司咨询项目绩效管理研究》《学习型组织对本土管理咨询公司绩效影响的研究》《咨询公司薪酬体系设计》《咨询公司的项目管理研究》《管理咨询公司组织变革案例分析》和《咨询公司的知识创新研究》。查找Proquest博硕士论文全文检索系统，检索得出 10 篇题名包含 "consulting firm" 的文献，其中和著者的研究内容相关的题名有 4 篇，分别为 Communities of practice and the support of core competency knowledge in the information technology consulting firm；Analysis of the relationships between job satisfaction leadership，and intent to leave within an engineering consulting firm；Professional services quality：Strategic implications affecting the competitiveness of consulting firms 和 Factors affecting the development of engineering consulting firms。检索题名包含 "consulting corporation" 的文献输出结果为 1，论文题目为 Toward group problem – solving guidelines for 21st – century teams：A case study at a global consulting corporation。查找 ISI Web of Knowledge 数据库中题名同时包含 "management" "consulting firm" 的检出结果条目数量为 4 条，但都和著者所要研究的主要问题有较大出入，以 "management" 和 "consulting corporation" 为并列题名的检索结果为空。

著者阅读大量相关文献资料后，分析得出目前不论在学术层面还是在应用层面，绝大多数对咨询公司或是咨询企业等知识密集型服务企业的分析研究，主要集中于某一特定流程环节点上或是特殊领域内。例如，针对工程咨询企业的项目管理研究、针对咨询公司隐性知识转移的研究、针对咨询业务层面的咨询流程研究、针对咨询企业制度的创新研究、针对管理咨询企业的领导力研究以及研究围绕有关咨询企业的战略规划和营销策划等。或是按咨询公司的所有制性质、主体服务行业领域进行区别划分研究。例如，针对中外管理咨询公司优势的比较研究、管理咨询市场调查研究、与外资咨询公司相比我国本土咨询公司的竞争优势研究、工程咨询公司的造价研究、汽车行业的市场营销管理咨询、石油化工企业的项目管理咨询、咨询公司所面临的问题及对策研究等。

综上所述，本书的研究方向在某些具体的研究点上，不排除有重复的可能，但是本书的研究纵深更为宽泛，研究对象客体特指中小型管理咨询企业，研究分析的对象贯穿整个咨询活动流程，可以更加系统化、综合化地解释阐明知识要素在咨询业务过程中的流动及存在特征，据此提出知识管理的优化方法模式，并结合中小型管理咨询企业的组织管理特点，设计高效的组织管理模式，使中小型管理咨询企业内部的知识管理和组织管理形成良性促进，从而形成以组织管理为依托、以知识管理为重点的中小型管理咨询企业现代管理模式。

1.2.1.2 提供学术参考

本书研究成果可以为情报学、管理学界及相关学者在一定程度上提供学术参考价值。全书通过对有关企业知识管理思想的追溯及其相关理论的概括，梳理总结企业知识管理理论的发展脉络，并结合咨询行业的特点，提出符合中小型咨询企业开展知识管理工作的一系列评估假设，并在实证分析的基础上对这些评估指标进行修正，应用科学统计方法分析得出影响中小咨询企业知识管理活动的主要影响因子及其相互间的关系，为情报学界在针对中小型咨询企业的知识管理研究方面提供必要的实证参考。

1.2.2 应用价值

（1）能够为处在起步阶段的咨询企业等知识密集型服务行业提供市场导向。通过对近年来我国咨询市场咨询客户构成的分析，可以间接为知识供应方，也就是咨询公司或是咨询企业，提供必要的客户市场分布情况。

（2）有助于加快中小型管理咨询企业的成长速度。对于刚刚成立或是成立不久的咨询公司来说，本研究课题可以为之提供一个看得见、摸得着的咨询业务流程图，可以当作是一种"指南"。对于已经走上正轨的咨询公司企业而言，本研究成果可以当作是一种"工具"，提高知识供求双方传递与接受知识

的能力，提高工作效率，增强咨询公司的核心竞争能力。

（3）帮助咨询客户了解知识生产、知识创新、知识传递的形式形态等具体内容。广大咨询客户可以通过阅读本书了解从信息的搜集到知识转移后接收方的知识利用全过程，有助于从侧面提高咨询客户企业的知识管理及知识创造能力，从根本上帮助企业提高自身信息收集及信息分析与预测能力，帮助建立或改善提升企业竞争情报的预警功能。

（4）能够加快中小型咨询企业的知识管理实施进程。著者紧紧围绕知识在其产生及流动过程当中遵循的自然规律，并结合咨询企业自身组织整合能力的建设，提出了适合于中小型咨询公司实施开展的知识管理评估优化指标假设模型，既有助于企业制定规划知识管理的战略决策，又可以帮助已经开展知识管理的中小咨询企业加快知识管理工作的推进速度。

1.3 研究方案

不论从事何种研究，既要掌握直接支持研究的基础理论知识，又要掌握与研究内容联系紧密的其他相关学科的理论知识。著者在着力围绕中小型咨询企业的知识管理优化这一中心内容展开论证前，首先对"知识管理"及其相关理论，如运筹学理论、组织管理学理论、组织管理心理学理论以及咨询企业的管理理论逐一进行概括性描述。

"中小型咨询企业的知识管理优化"这一论题中并列包含两大内容：其一是关于知识的管理；其二则是以加强知识管理为目标的企业是如何实现企业内部组织整合的。在以"知识"为管理的目标时，需要掌握知识自身存在的特点、自身属性及其遵循的自然规律；在以"知识管理"为目标的企业组织整合过程中，需要对企业的组织结构、企业的基础设施建设，对企业文化、企业人力资源的建设以及企业生产服务流程等诸多重要内容进行探讨论证。因此，著者在逐一阐明叙述论题的基础理论内容后，围绕知识的生产和运动以及咨询企业的组织整合这两个层面，展开详细论述，并以此为基础提出适用于中小型咨询企业的知识管理优化模型，并通过发放回收调查问卷的形式，尝试对模型的拟合度进行评测，检验所提出的模型是否合理，并列举模型的不足及尚需改进之处，得出结论并展望仍需有待进一步深入研究的问题与任务。著者分为七部分围绕上述内容逐一展论证研究。

1.3.1　研究目的

本研究通过系统分析知识的产生条件、知识在企业内外部流动过程中所呈现出阶段性的特点以及企业自身组织整合能力对企业知识运作效果的影响，提出符合中小型管理咨询企业实际需求的知识管理优化模型，同时指出对于模型的评估检验方法，向根植于我国本土的咨询公司、咨询企业提供一种可参考的知识管理方法和流程，加快企业知识管理工作的落地实施，从而增强咨询企业的市场核心竞争能力。

1.3.2　研究的问题

著者所要研究的主要内容包括：

（1）归纳梳理知识管理理论、企业管理理论以及其他学科的相关理论，如运筹学的最优理论、组织管理学的学习型组织理论和企业文化理论、心理学的组织管理心理学理论等。

（2）中小型管理咨询企业在为咨询客户组织、提供知识服务时所涉及的两类并行发生的基本流程的内容及特点，即由知识获取、知识生产、知识转移、知识沉淀吸收、知识创新等一系列发生于企业内外部的知识流程以及由项目准备、项目诊断、项目规划、项目实施、项目完成等阶段过程所组成的咨询企业的业务服务流程。

（3）研究中小咨询企业自身组织整合层面内的问题、任务与企业知识管理工作效率、效果之间的关系。重点分析与知识管理息息相关的组织整合层面的内容有：企业基础设施建设情况，包括信息技术的构建、组织结构的选择以及组织制度的建立；项目工作的开展情况，包括业务的执行能力和项目的推进能力；人力资源建设情况；企业文化建设内容，包括企业知识共享文化、企业知识保护意识等。

（4）在研究分析上述两方面问题后，提出适用于我国中小型咨询企业的知识管理优化模型，并提出系统化的指标假设，经定量研究修正后，给出最终评估指标体系。

在这里需要特殊说明的是，其实并不是著者人为地割裂了咨询企业的以向客户提供咨询服务为目的的知识服务流程。咨询企业在实际的生产经营中，对于知识的管理和企业自身的管理是同步进行的，这一点无可厚非，但是很多实践证明了后者对于前者的管理效率和效果有着非常重要的影响，所以著者将知识的自身运动和企业组织整合两方面内容作为切入点，围绕中小型咨询企业的知识管理优化活动展开了一系列的探讨与论证过程。

1.3.3　研究方法

主要拟采取的研究方法有问卷调查法、李克特五级式量表分析法、结构方程模型等定量分析方法，以及定性分析法、比较分析法、综合分析法等。研究手段主要采取市场调查式的实证分析，并结合论文、学术期刊、报告、会议、书目等参考文献数据，在判断所获取数据的真实性和准确性后，参考提取所需数据资料或是案例、图标、图示等辅助说明，并在此基础上合理利用信息分析工具对数据进行一系列的数理统计分析，挖掘数据当中隐藏的规律和知识，提出问题并解决问题。

1.3.4　研究思路

（1）通过梳理整合国内外的"知识管理"及其相关理论，提炼有关咨询企业知识管理内容的理论基础。

（2）简单回顾国内外专家学者对知识管理、知识创新研究的历史脉络及研究现状，指出要加强面向市场的中小型管理咨询企业的知识管理研究的必要性。

（3）系统阐述中小型的咨询企业在知识管理过程中，不同阶段知识流的具体构成、功能、特征及运动方式路径。

（4）总结中小型管理咨询企业的业务项目特征及自身组织结构特征，在此基础上研究分析中小型管理咨询企业知识管理的优化模型。

（5）结合组织管理学、行为心理学、社会学等相关理论知识，系统分析如何建立激励制度，以提升中小型管理咨询企业内部员工以及咨询顾问助推加速知识转移的能动性。

（6）通过发放回收调查问卷及整合网上有关咨询公司知识管理方面的信息内容，获得研究所需相关数据，并利用已掌握的工具，跟踪统计我国中小型咨询企业知识管理的开展实施情况，以此尝试针对咨询企业的知识管理进行量化研究，力争在前人的研究基础之上实现一些研究方法上的突破。

1.3.5 全书框架

全书的基本写作结构：首先，对知识管理理论及其相关理论进行概括式的梳理总结，从中汲取生成咨询企业知识管理理论。明确咨询企业的核心竞争力在于企业对于知识的掌握和创新，知识掌握和知识创新又要通过知识转移得以利用实现，而高效的知识转移需要通过科学的知识管理得以实现。其次，阐述说明知识创新与知识管理之间的相互关系，并提出中小型管理咨询企业的知识创新服务模式。第三，针对中小型管理咨询企业中的知识生产、知识运动、知识重组等有关知识自身的特征规律，系统研究知识管理活动的具体过程。第四，依据在中小咨询企业自身的组织整合过程当中与知识管理绩效休戚相关的因素，提出中小型管理咨询企业的知识管理优化评估模型和对模型当中一系列假设指标的检验。最后是研究的结论与展望。全书分为以下七个部分，如图11所示。

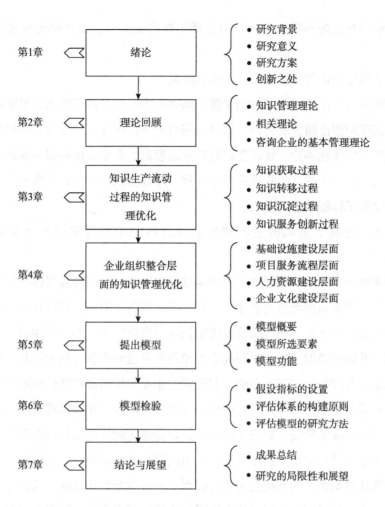

第1章　　绪论

　　· 研究背景
　　· 研究意义
　　· 研究方案
　　· 创新之处

第2章　　理论回顾

　　· 知识管理理论
　　· 相关理论
　　· 咨询企业的基本管理理论

第3章　　知识生产流动过程的知识管理优化

　　· 知识获取过程
　　· 知识转移过程
　　· 知识沉淀过程
　　· 知识服务创新过程

第4章　　企业组织整合层面的知识管理优化

　　· 基础设施建设层面
　　· 项目服务流程层面
　　· 人力资源建设层面
　　· 企业文化建设层面

第5章　　提出模型

　　· 模型概要
　　· 模型所选要素
　　· 模型功能

第6章　　模型检验

　　· 假设指标的设置
　　· 评估体系的构建原则
　　· 评估模型的研究方法

第7章　　结论与展望

　　· 成果总结
　　· 研究的局限性和展望

图 11　全书构架

　　第 1 章是绪论。

　　在这一部分著者主要讨论了课题选题的研究背景、研究意义、研究方案、创新之处以及全书的基本写作框架等。其中较为详细地论述了咨询企业知识管理的内容，如咨询企业知识管理的业务特点、咨询企业实施知识管理的主要障碍、咨询企业的知识划分与技术实现等。对于大型和中小型管理咨询企业各自知识管理工作活动的特点、区别以及提出中小型管理咨询企业在从事知识管理活动过程中存在的不足、实施知识管理工作的必要性，是该部分的重点分析内容。

第2章是知识管理理论及相关基础理论。

这部分内容梳理阐明了知识管理基础理论中有关知识管理的思想来源、定义、知识管理理论的发展历程、知识管理的方法措施等，此外著者还概括性介绍了经济学的优化理论、管理学的组织管理理论、企业文化等相关理论以及中小型管理咨询企业的基本管理理论等内容，并且围绕中小型管理咨询企业的咨询模式展开了详细的论述说明。

第3章是基于知识的生产和运动层面的中小型管理咨询企业知识管理优化。

著者在该部分中，依据知识的产生过程中知识元素的自身属性特征以及知识流动过程中知识因素所要遵守的自然规律，阐明了中小型管理咨询企业的知识管理特征以及不同知识运动阶段的知识流程当中所包含的具体知识管理活动的内容。并解释说明了发生于咨询公司知识服务过程中存在的知识转移和知识创新现象，并进一步分析了影响咨询公司、企业知识转移和知识创新效用的因素及其相互关系。针对咨询企业的知识获取过程阶段、知识转移阶段、知识沉淀阶段和知识服务阶段，提出了相应的知识管理优化评估指标的假设。

第4章是基于中小型管理咨询企业组织整合层面的知识管理优化。

分别从咨询企业的基础设施建设层面、项目服务流程层面、人力资源建设层面和企业文化层面，系统阐述分析了中小型管理咨询企业的知识管理工作所要面对的具体问题，并依据各层面知识管理活动的特点，较为全面系统且有针对性地提出了中小型管理咨询企业知识管理优化评估指标假设，并指出中小型管理咨询企业实现知识管理优化的保障条件。

第5章是中小型咨询企业的知识管理优化模型。

在这一部分里，著者首先将过去有关企业知识管理模型方面的研究展开汇总，并进行归类比较，分析模型特点并给予客观评价；其次，在此基础上提出适用于中小咨询企业知识管理指标评估优化模型，针对模型所选择的要素进行了系统阐述说明；最后，论述了该评估模型的基本功能和期望作用。

第 6 章是中小型咨询企业知识管理优化模型的评估检验。

构建中小型管理咨询企业知识管理评估体系，设置知识管理优化模型的假设指标。系统阐述说明了构建评估模型的简明性、系统性、可比性、可操作性和定量结合定性原则，并对模型所采用的李克特（R. A. Likert）量表形式的调查研究方法进行了详细介绍说明。利用统计学方法，通过对于预调查问卷的修正后得出最终问卷，并再次利用统计工具针对回收的最终问卷所反映数据展开统计分析，得出中小型管理咨询企业知识管理活动中的主要影响因素以及各因素之间的关联情况，为企业知识管理工作的部署开展提供必要的参考。

第 7 章是研究结论与展望。

归纳课题的研究成果，总结成果的实用性与局限性，指出在后继的研究工作中需要特殊注意的问题，探索展望论文进一步的研究空间。

1.4　研究创新

1. 选题创新

本研究的选题较为新颖，论著试图突破以往单一地围绕咨询企业发展过程而展开的叙述性描述，试图跳出过去简单的对于咨询业市场现状的报告式的研究形式，尝试探讨前人对于指定的咨询项目的咨询方法方面的传统常规研究以外的内容。全书的研究重点是探讨、论证如何构建特指针对中小型管理咨询企业知识管理的优化模型，研究立意独特，且研究成果的实用性要相对强于以往关于咨询性质范畴的叙述总结评价型研究。

2. 研究方法的创新

利用不同管理定量分析方法工具，并结合定性研究，分析得出影响咨询企业知识转移的智力因素及组织因素之间的相互关系，建立理想化的知识转移模式，并在此基础上构建以最终实现企业知识创新为目标的中小型管理咨询企业知识管理优化模型。

    小结：本章主要讨论了著者选题的研究背景、研究意义及研究方案、创新之处以及全书的基本写作框架等。其中较为详细地论述了咨询企业知识管理的内容，如咨询企业知识管理的业务特点、咨询企业实施知识管理的主要障碍、咨询企业的知识划分与技术实现等。而对于大型和中小型管理咨询企业各自知识管理工作活动的特点、区别，提出中小型管理咨询企业在从事知识管理活动过程中存在的不足及实施知识管理工作的必要性，是该部分重点分析的内容。

第2章 知识管理理论及
相关基础理论

　　了解掌握知识管理理论，是进一步深入研究中小型管理咨询企业知识管理优化问题的理论基础和前提条件。本章首先对知识管理理论的思想源泉、产生过程及其发展历程进行了梳理概括，归纳总结中小型管理咨询企业在进行知识管理优化过程中需要掌握的知识管理理论。其次，对中小型咨询公司在知识管理实践活动中所需参考借鉴的与管理学相关的其他理论，逐一进行了概括性的介绍。

2.1 知识管理的基础理论

　　知识管理是一门新兴学科，它正在逐渐成为管理科学中的一项重要研究议题，作为一项管理工具，有关知识管理的内容正越来越多地被刊登在公开发表的期刊和书籍当中。例如早在 1995 年，在 Proquest❶ 数据库中仅记录了 45 条题名包含 "knowledge management" 的文献，而到了 2002 年年初，已经上升至 2000 条。1997 年知识管理学界核心期刊 *Journal of Knowledge Management* 和 *Knowledge and Process Management* 的创刊，以及 2000 年 *Journal of Intellectual*

---

　　❶ Proquest 数据库包含很多完整的期刊文章，同时收录了简明的杂志目录，提供了当前管理学领域具有代表性的讨论文章。

*Capital*的诞生将知识管理研究引向了新的高度。同时期在生产实践过程中涉及知识管理活动的公司企业及集团机构的数量也随之增长，其中以知识为基础的从事专业咨询、信息技术服务的公司企业为最❶。

2.1.1 关于"知识"的定义

从文献上来看，关于知识的定义层出不穷，定义的外延比较广泛。而且许多涉及知识管理领域的文章经常将"知识"（knowledge）与"信息"（information）混淆，正如 Wilson（2002）和 Firestone（2001）所说，在某种程度上这又进一步加深了混淆的程度和认知上的冲突。剑桥国际英语词典中对于"知识"的最基本定义是"通过经验和学习存在于人的大脑或是人们普遍具有的关于某项客体的理解和信息"。

后现代学派认为"世界上的知识并不是一种社会存在的简单反映，而是能够反映我们利用业已存在之物创造新事物的一系列社会人工制品"（Schwandt，1997）。对于组织机构当中的人们而言，获取与自身实践经历、自身工作环境以及文化相关的知识和信息是有重要意义的。然而，在不同视角下，有着不同的认识假设和不同的专业背景的人们，对于即使是关于知识的基本定义仍然有着不同的见解。实际上，知识管理本身在认识论和哲学层面上本身就是无法排除理解上的争议的。例如，Kontzer 在引用 Wilson（2002）和 Drucker 的文章时对管理知识本身这一概念抱怀疑态度，他认为管理单一个体自身构建起来的知识是不切实际的，并认为知识本身作为一种个体内部建设是基于不同的协商方法和与社会环境的相互作用的，其本身并不能被提取、存储与管理❷。

---

❶ Nicoline Jacoby Petersen, Flemming Poulfelt. Knowledge Management in Action: A Study of Knowledge Management in Management Consultancies［J］. Developing Knowledge and Value in Management Consulting. London, 2002, 2.

❷ You can't manage knowledge. Knowledge is between two ears, and only between two ears. When employees leave a company, their knowledge goes with them, no matter how much they've shared（Kontzer（2001）, quoted Drucker）.

抛开哲学范畴内关于知识的纯粹定义，在包含知识管理的文献当中将知识划分为不同类型以便分门别类对其实施管理活动。知识管理大师并不否认知识创造和构建的自然属性，但是他们强调的是在人为的知识提取和知识获得过程中知识表现出的属性。就像 Wilson（2002）和大多数社会构成主义者、后现代哲学家认为，对知识进行提取无非是获得所需知识和启发，许多知识管理大师对此也并无异议，但是他们所研究关注的是存在于组织机构、公司集团中的所谓的"存在于雇员两耳之间的"知识，知识管理的过程也是为了提取、表现并获得这部分知识❶。

知识管理专家将知识划分为不同类型，例如 Liebeskind（1996）将其分为技术和战略两种类型；Grant（1996）将知识划分为应用型，智力型（科学、人文、文化），消遣型（新闻、流言、故事）和意外偶得型。Garvin（1998）以及 Brown 和 Duguid（2000）关注的是在工作实践中能够帮助协调工作、突破技术难题的问题处理型知识。但按照知识的特征，将知识划分为显性知识（explicit knowledge）、隐性知识（tacit knowledge）和半显性半隐性知识——含蓄知识（implicit knowledge）（Srikantaiah and Koenig，2000；Nonaka，1994；Nonaka and Konno，1998；Cavusgil et al，2003）是最被普遍接受的知识类型划分。

1. 显性知识

显性知识可以被描述并可以被格式化，可以用正式的语言进行清楚的表达。许多有关知识管理的评论文章都将知识的这种定义等同于信息的定义（e. g. Wilson，2002）。作为信息，显性知识在社会组织中能够被方便地存储、检索、共享、传播，在商业出版物、电子邮件、互联网、企业内部组件和内联网、数据库、公司业务记录及自我学习资料中通常可以发现显性知识的存在（Srikantaiah，Koenig，2000）。管理显性知识通常包括以信息流通技术为基础的信息生产和信息获取，Srikantaiah 和 Koenig（2000）认为这些应包括编码和

❶　Kontzer（2001）quoted Drucker，2001.

组织、存取和传播、使用及申请使用。

2. 隐性知识

Ryle（1984）认为隐性知识和显性知识的区别在于前者是"知道如何做（know – how）"，而后者则是"知道些什么（know – that）"；或是在于前者是"表现出来的知识（embodied knowledge）"，而后者是"理论中的知识（theoretical knowledge）"（Barbiero，2002）❶。

"隐性知识（tacit knowledge）"一词是由 Polanyi 于 1958 年提出的，意在指代那些隐藏着的，只可意会不可言传的知识。具体而言，隐性知识是体现在个体身上的具有预见性和推理功能的知识，包括洞察力、预感、直觉以及高度个人化的由于难于记录为书面形式而导致不易传播共享的技术方法。"学习"获得隐性知识需要和其载体建立长久紧密的联系。知识管理（KM）和信息管理（IM）的本质区别在于，前者是对存在于组织中的需要被表达的隐性知识（构成组织智力资本的基本要素）进行管理，而后者的管理目标内容并不包含隐性知识的相关框架模式，仅仅针对可被检索的已编码显性知识。管理显性知识相对容易，所以正是因为隐性知识的存在将知识管理研究推向了更新更高的领域。Srikantaiah，Koenig（2000）和 Nonaka（1991）认为，显性知识和隐性知识存在同属关系（symbiotic relationship），两者相互促进影响，所以要提高知识管理的效用，企业组织或公司机构必须意识到要根据自身的发展目标和实施的项目，同步加强二者的基础设施建设，具体包括：设定标准、加强人员培

---

❶ On this account knowing – how or embodied knowledge is characteristic of the expert, who acts, makes judgments, and so forth without explicitly reflecting on the principles or rules involved. The expert works without having a theory of his or her work; he or she just performs skillfully without deliberation or focused attention. Knowing – that, by contrast, involves consciously accessible knowledge that can be articulated and is characteristic of the person learning a skill through explicit instruction, recitation of rules, attention to his or her movements, etc. While such declarative knowledge may be needed for the acquisition of skills, the argument goes, it no longer becomes necessary for the practice of those skills once the novice becomes an expert in exercising them, and indeed it does seem to be the case that, as Polanyi argued, when we acquire a skill, we acquire a corresponding understanding that defies articulation (Barbiero, 2002).

训、完善信息技术、建立信任机制❶。

3. 半显性半隐性知识（含蓄知识）

在关于知识管理的争辩思潮中，对于隐性知识的概念并不是没有丝毫争议的，Wilson（2002）认为隐性知识（tacit knowledge）和含蓄知识（implicit knowledge）的区别在于含蓄知识是可以被表达的而隐性知识则不可以被表达，但是隐性知识是可以在办公间（工作现场）内通过启发记忆后转化成为含蓄知识的，含蓄知识暗藏在组织的管理流程及实践工作环节中，它包括人的经历、非正规的信息表现以及根据显性知识推断出的信息内容。

2.1.2　关于"知识管理"概念的界定

学术界、企业界对知识管理的重要性有着统一的认识，但是对于知识管理的概念却有着诸多不同的见解，最具代表性和权威性的定义如下：

知名学者及著名大型跨国企业集团的知识管理部门负责人，如 Srikantaiah 和 Koenig（2000）、Sanchez（2001）、Firestone（2001）、Nonaka 和 Takeuchi（1995）、Howells（1996）、Schulttzean 和 Stabell（2004），普遍认同"知识管理的目的是通过提取隐性知识和含蓄知识后，将其转化为可以被理解、表达、编码、存储、检索、共享、传播的显性知识，从而改善组织和个人的知识构成。"

但 Wilson（2002）指出"不论是在公司企业中还是在教育机构中所谓的 KM 案例中，都无疑存在将 KM 和 IM（信息管理）、IS（信息系统）视为同一概念的情形，并且在某些案例中，KM 仅仅是咨询顾问或是企业自身将原有的技术条件和解决问题的方法加以重新命名而已。"❷

De Jarnett（1996）将知识管理定义为"是由知识创造开始到知识诠释、知识传播及使用，再到知识持有和知识改良的一个循环过程"。

---

❶　Miguel Baptista Nunes, Fenio Annansingh, Barry Eaglestone, et al. Knowledge management issues in knowledge – intensive SMEs [J]. Journal of Documentation, 2006, 62（1）: 101 –119.

❷　同❶。

Quintas（et al，1997）认为"企业知识管理应该被视作是企业为了满足现实需要迎接机遇与挑战，识别利用已有知识资源从而获得更多知识资产的重要过程。"

Zyngier（et al，2004）认为"知识管理是一项优化组织知识资产、支持企业决策制定、提高企业竞争力、加强企业创新能力的重要战略。"

Karl ErikS Veiby 从认识论的角度对知识管理进行定义，认为知识管理是"利用知识的无形资产创造价值的艺术"。

Daniel E. O'Leary 认为"知识管理是对知识进行正式的管理，以便于知识的产生、获取和重新使用。知识管理是将组织可得到的各种来源的信息转换为知识，并将知识和人联系起来的过程。"

此外，在对知识管理的诸多定义中，还有从技术角度来讲的，例如："知识管理就是理解数据之间的联系，确定管理数据的规则并将其文档化，确保数据的准确性，维护数据的完整性。"

北京大学信息管理系的刘丽娜在《管窥知识管理》一文中将知识管理做了如下定义："知识管理切合企业面对的严酷现实——如何适应高速变化的外部环境，在这种环境中生存下去，并力求游刃有余。它主要体现为组织的发展过程，并将信息技术所提供的对数据和信息的处理能力以及人本身具有的创新能力这两者进行有机的结合。"

以上诸定义，或侧重于知识管理的目的，或侧重于知识管理的内容，或侧重于知识管理的性质，或侧重于知识管理的手段和方法，或侧重于知识管理的流程：总而言之，各家对知识管理的定义虽有不同的表述，但其对知识管理的理解均源于知识管理的"知识"特性和"管理"特性。因为，追根究底，知识管理就是对"知识"进行"管理"，而对知识的内涵和管理的实质的不同认识就必将导致对知识管理的不同认识。

2.1.3 知识管理兴起的足迹

知识管理最早起源于美国，其理念和实践始于 19 世纪 80 年代。

20 世纪 70 年代至 80 年代：开始出现一些超文本应用系统、依赖人工智

能和专家系统的知识管理系统（KMS）以及如"知识获取""知识工程""以
知识为基础的系统"和"基于计算机的存在论"等观念。

　　20 世纪 80 年代：虽然古典经济学理论忽视了知识作为资产的价值及其作
用，而且很多组织缺乏管理知识的战略目标及实施办法，知识（以及它以专
业能力形式的表述）作为竞争性资产的重要性已经明确化。1980 年，DEC
（数字设备公司）率先采用大型知识系统支持工程和销售。1986 年，知识管理
概念首先在联合国国际劳工大会上提出。1989 年，《财富》杂志调查美国 100
家大企业的执行总裁，他们均认为知识是企业最重要的资产；国际知识管理网
络（IKMN）在欧洲创办。

　　1991 年：《财富》发表知识管理的第一篇文章——《脑力》。

　　1994 年：IKMN 又吸收了位于美国的"知识管理论坛"和其他与知识管理
相关的团体和出版物，公布了对欧洲企业开展的知识管理调查的结果。

　　1995 年：欧共体开始通过 ESPRIT 计划为知识管理的相关项目提供资助；
美国质量与生产力中心和安达信的知识管理会议吸引了 500 位企业总管，并主
持了 11 家企业的知识管理基准调查。

　　1998 年：一种以《知识管理》命名的新的期刊在英国出现。

　　1999 年：美国有 80% 的企业已经或正在实施知识管理计划。

　　2002 年：被确认为知识管理年。可以说，知识管理已经在全球管理学理
论界与实践者中间形成热潮。同年 6 月 17 日，由金蝶软件（中国）有限公司
主办的"知识管理在中国——知识管理与企业信息化研讨会暨展示会"在北
京隆重召开，标志着在中国，知识管理的概念走出了"象牙塔"，逐渐融入到
成千上万企业和机构的管理实践之中。

2.1.4　知识管理的特征

　　与知识管理有关的因素很多，有人认为主要相关因素有三个：组织分析、
信息技术、人。组织分析，就是核心业务流分析，认识提炼组织的知识的过
程；信息技术，就是利用信息技术作为处理手段；人，就是要将人的能动性与

组织发展关联起来。也有人认为，主要因素应该有四个，即人、技术、业务流程和组织文化。对于知识管理的诸因素在知识管理中的地位，尤其是信息技术与人孰重孰轻，在知识管理理论的初期阶段有两种截然相反的观点：一种观点孤立地将信息技术的应用称之为知识管理，毫不关心知识管理的核心——人的因素；另一种观点单方面强调知识工作者创造知识的能力，而遗忘知识管理的载体——信息技术的支撑。目前不管是三因素论还是四因素论，亦或是更多因素论，较趋于一致的观点是：人的因素才是知识管理的核心因素，而技术，特别是信息技术，则扮演着十分重要的角色，企业业务流程的重组和组织结构的调整以及组织文化等则是知识管理得以顺利实施的基本保证。

2.1.5 知识管理实践模式

拥有成熟稳健的知识管理实践模式有利于企业根据自身特点有针对性地采取知识管理策略。由于知识的性质存在不同，所以企业采用知识管理实践的模式也有所不同。

1. 根据对象知识特性划分

知识有显性知识和隐性知识之分，据此，知识管理实践可分为两种模式：显性知识管理实践模式和隐性知识管理模式。

2. 根据知识的产生因素划分

知识的产生有三方面的因素：人、场所和事件，相应地可以有以下三种模式：

（1）围绕"人"的知识管理实践模式。具有特定技能和经验的专家是企业最宝贵的知识资产，他们在企业处理事务，特别是突发事件中发挥着关键性作用。因此，在任何需要的时候都能够找到所需要的专家，及时与专家联系，借助专家的丰富知识正确解决突发事件，是企业能够从容应对当今充满变数的商业环境的最重要手段。因此，一张专门技术人才地图便是企业难以估价的知识财富，它可以迅速地确定应该由哪位专门技术人员去应付某一紧急事件，使企业能够在正确的时间找到正确的人。因此，建立一个专门技术人才查询地图，是知识管理实践的重要环节。

（2）围绕"场所"的知识管理实践模式。在以技术迅速变化和产品周期不断缩短为特征的商业竞争中，企业创新能力往往是保持长久竞争优势的主要源泉。为此，企业需要经常鼓励和培育新思想、新主张，最大限度地让企业员工集思广益、献计献策、通力合作，共同创建新的产品和服务，为企业的继续发展提供源动力。通常，需要建立虚拟团队及其支持网络，和支持企业外部知识共享的知识网络。

（3）围绕"事件"的知识管理实践模式。这里所说的"事件"包括企业希望管理的所有信息，这些信息可以是任何形式的商务信息，或者是简单数据、复杂的文档，或者是企业的业务流程和工作方法。它可以具有结构化或半结构化的形式，存在于数据库、内容库、知识库、Intranet 站点、Web 应用等系统中。

3. 根据知识管理系统的技术特点划分

根据知识管理系统的技术特点可以将知识管理实践的模式分为两大类：

（1）使用数据仓库和不使用数据仓库的知识管理系统。

（2）根据不同的知识管理实践内容，分别有针对内容管理、智能工作环境、知识共享、知识门户等模式。

4. 美国企业的两种知识管理实践模式

总结美国企业所采用的各种知识管理模式具有这样的共性：一方面，知识被编码、储存在数据库，公司任何人都可以通过计算机网络直接调用；另一方面，知识与知识的所有人没有分离，他的知识通过人员的直接交流得到传播和分享。哈佛大学教授汉森和罗利亚（Hansen & Nohria）将它们分别称为编码管理模式（Codification mode）和人物化管理模式（Personalization mode）。

实际上，几乎每一个行业、每一个企业的知识管理系统都有其独特之处，需要采取专门针对该企业的知识管理实践模式，通常是以上述某一模式为主，也可能是多种模式的综合。

2.2　相关理论基础

2.2.1　运筹学——最优化理论❶

2.2.1.1　基本定义

最优化方法（也称作运筹学方法）是近几十年形成的，它主要运用数学方法研究各种系统的优化途径及方案，为决策者提供科学决策的依据。最优化方法的主要研究对象是各种有组织系统的管理问题及其生产经营活动。最优化方法的目的在于针对所研究的系统，求得一个合理运用人力、物力和财力的最佳方案，发挥和提高系统的效能及效益，最终达到系统的最优目标。实践表明，随着科学技术的日益进步和生产经营的日益发展，最优化方法已成为现代管理科学的重要理论基础和不可缺少的方法。最优化一般可以分为最优设计、最优计划、最优管理和最优控制四个方面。

2.2.1.2　数学定义

最优化方法是为了达到最优化目的所提出的各种求解方法。从数学意义上说，最优化方法是一种求极值的方法，即在一组约束为等式或不等式的条件下，使系统的目标函数达到极值，即最大值或最小值。从经济意义上说，是在一定的人力、物力和财力资源条件下，使经济效果（如产值、利润）达到最大，或者在完成规定的生产或经济任务下，使投入的人力、物力和财力等资源为最少。

2.2.1.3　工作步骤

用最优化方法解决实际问题，一般可经过下列步骤：（1）提出最优化问

---

❶　http：//baike.baidu.com/view/222384.htm［DB/OL］. 2010 –11 –15.

题，收集有关数据和资料；（2）建立最优化问题的数学模型，确定变量，列出目标函数和约束条件；（3）分析模型，选择合适的最优化方法；（4）求解，一般通过编制程序，用计算机求最优解；（5）最优解的检验和实施。上述 5 个步骤中的工作相互支持和相互制约，在实践中常常是反复交叉进行。

2.2.1.4 模型的基本要素

最优化模型一般包括变量、约束条件和目标函数三要素。（1）变量：指最优化问题中待确定的某些量。变量可用 $x = (x_1, x_2, \cdots, x_n)^T$ 表示。（2）约束条件：指在求最优解时对变量的某些限制，包括技术上的约束、资源上的约束和时间上的约束等。列出的约束条件越接近实际系统，则所求得的系统最优解也就越接近实际最优解。约束条件可用 $g_i(x) \leqslant 0$ 表示（$i = 1, 2, \cdots, m$；m 表示约束条件数），或 $x \in R$（R 表示可行集合）。（3）目标函数：最优化有一定的评价标准，目标函数就是这种标准的数学描述，一般可用 $f(x)$ 来表示，即 $f(x) = f(x_1, x_2, \cdots, x_n)$。目标函数可以是系统功能的函数或费用的函数，它必须在满足规定的约束条件下达到最大或最小。分类最优化问题根据其中的变量、约束条件、目标、问题性质、时间因素和函数关系等分为不同的情况。

2.2.2 组织管理学——组织管理理论

2.2.2.1 古典管理学的形成

亚当·斯密（Adam Smith）在 1776 年所著《国富论》一书中首次提出了劳动分工原理，经过研究得出结论：劳动分工可以通过提高每个工人的技巧和熟练程度、节约变换工作所浪费的时间、对机器的发明和利用等途径提高生产效率。但是直到 1911 年，在被誉为"科学管理之父"的弗雷德里克·泰勒（F. W. Taylor）出版了《科学管理原理》之后才有了正式的管理学理论，并使管理学成为一门正式的学科和一个完整的知识体系，因此 1911 年被公认是管理理论诞生的一年。

20世纪30年代末期，西方另外一批思想家也从整个组织、心理学等方面对管理者的工作和有效管理的要素提出了各自的看法。其中杰出的代表是法国的亨利·法约尔（Henri Fayol）和德国的马克斯·韦伯（Max Weber）。法约尔的行政管理理论，定义了所有管理者执行的一般职能以及构成良好管理实践的原理，总结了14条管理原则，并且区分了经营与管理的关系，把经营的目标视为追求经济效益，管理的目的视为提高生产效率❶。虽然法约尔的思想在他的时代没有受到重视，但是他的管理的五要素为管理者提供了一种概念体系。这一概念体系使管理者能明确地意识到他们应该做些什么。韦伯发展了一种权威的结构理论，描述了一种思想组织模式。他认为"官僚行政组织"体现了劳动分工原则，有着明确定义的等级和详细的规则、制度以及非个人关系的组织模式。在韦伯以后的20多年中，人们从韦伯的思想出发，对组织的形式和结构进行了研究。韦伯的贡献在于，他第一次提出了系统的范畴，以帮助人们对组织的分析。

2.2.2.2 管理理论的发展

20世纪30年代以后，组织管理理论逐步由古典组织理论阶段步入行为组织理论阶段。

20世纪中叶，以系统论为指导的现代组织理论逐步登上了历史舞台。现代组织理论把组织看成一个开放的系统，它不仅仅从组织内部来分析组织各分系统的特点及其相互关系，尤其着重研究组织与外部环境的相互作用，它把着眼点由组织内部转移到外部环境，并由组织被动适应环境的观点转变到影响环境。系统权变组织结构理论在一定程度上综合了古典组织结构理论和行为科学组织结构理论的观点，它既看到了人的因素，又重视结构的作用，将这二者结

---

❶ 赵辉. 从古典管理到学习型组织：管理理论的新建构［J］. 郑州航空工业管理学院学报（社会科学版），2005，02（24）：121－123.

合起来，试图重新设计组织。环境决定组织结构理论认为组织的外部环境决定组织结构的变革。

美国著名的管理学家哈罗德·孔茨在 1961 年和 1980 年的《论管理理论的丛林》《再论管理理论的丛林》两篇文章中对管理理论中滋蔓、流派盘根错节的"理论丛林"现象进行了分析，并对如何才能消除"管理理论丛林"的诱因进行了讨论。

孔茨在 1980 年《再论管理理论的丛林》中，将"丛林"归结为管理过程学派、人际关系学派、决策理论学派、系统学派、经理角色学派、权变学派等 11 种研究流派❶。

2.2.2.3　学习型组织理论的内容

20 世纪 80 年代后，随着组织行为学的兴起和研究的不断深入，西方管理理论的发展也步入了一个新阶段，其中最有代表、最引人注目的便是学习型组织理论。世界管理大会的专家也认为，近百年来，在对人类社会进步影响最大的 35 种管理理论中，学习型组织理论是最前沿的管理理论之一。

2.2.3　组织管理心理学——心理学理论

2.2.3.1　研究对象

组织管理心理学研究某一群体，如一个企业或一个学校的组织管理工作中人的因素方面。它涉及领导者与被领导者的心理素质以及二者之间关系的协调问题，组织管理心理学是把心理学的知识应用于分析、说明、指导管理活动中的个体和群体行为的工业心理学分支❷。

组织管理心理学也称管理心理学，后又进一步发展成为组织行为学，它是

---

❶　郑彦. 现代西方组织管理理论综述 [J]. 现代企业，2007 (07)：31 – 32.
❷　王垒. 组织管理心理学 [M]. 北京：北京大学出版社，1993.

心理学知识在组织管理工作实践中应用的结果，是研究组织系统内个体、群体及结构对组织内人的行为的影响，以理解、预测和管理人类行为，提高组织绩效的一门科学。它有助于调动人的积极性，改善组织结构和领导绩效，提高工作生活质量，建立健康文明的人际关系，达到提高管理水平和发展生产的目的。任何一个组织或企业都是由人和物这两大因素构成的。这两大因素在组织中又形成了三大关系系统：物—物关系，人—物关系，人—人关系。而人—人系统则主要是组织管理心理学的对象。组织管理心理学的任务是吸收、运用各相关学科的理论、方法，探讨组织中个体、群体、组织、领导的心理活动规律，说明如何通过调整人际关系、激励动机、提高领导水平和领导艺术、增强组织凝聚力等手段，来协调人—人系统。组织管理心理学的理论目的是发展、完善学科体系，深化对组织心理学的认识。而它的直接的实践目的，也是它的根本目的，是要提高组织效能，提高生产率，提高员工的工作满足感。

2.2.3.2 研究方法

组织管理心理学并没有一种适用于解决一切问题的通用的方法，它主要以心理学及社会学的研究方法，如观察法、访谈法、问卷法、量表法、个案分析、准实验研究、社会调查、公众意见调查等方法为基础，结合管理实际，根据不同的情况、不同的问题，采用适宜的方法，使问题的解决有客观的、科学的根据。西方国家组织行为学主要应用于人力资源的研究，如利用测验方法选拔职工，或应用评价中心方法对领导进行评价；由专家组帮助企业增加自我完善的能力，带动各种组织进行改革；决策理论的应用，如协助大企业对重大项目、经营战略进行审定等；工作生活质量研究，如制定更完善的作业班制度，防止事故，减少工作的应激等❶。采用决策会议方式，在专家指导下，利用电子计算机及专门的决策软件可以大大加快决策的制定过程和提高决策的质量。

总之，管理心理学是一个研究领域，它探讨个体、群体及结构对组织内部

---

❶ http：//baike. baidu. com/view/655998. htm ［DB/OL］. 2010 – 11 – 15.

行为的影响，以便应用这些知识来改善组织的有效性。它是综合运用各种与人的行为有关的知识（包括心理学、社会学、社会心理学、人类学、政治学及其他涉及管理的学科），研究各类工作组织中人的工作行为规律，并以此来改善组织的有效性，提高工作绩效的学科。一方面，管理心理学是一门科学，在这一领域不断有新的研究成果和概念发展充实进来；另一方面，它又是一门应用学科，一个组织的成功经验会很快得到推广和传播。

2.3 咨询企业的基本管理理论

2.3.1 咨询企业的组织能力

以知识创新为导向的咨询企业的组织能力，是咨询企业获取、生产、整合和运用企业知识，实现企业战略目标所表现出的一种优化配置企业资源的能力，主要通过企业组织结构的合理性、企业文化的认同性、人力资本管理的高效性以及组织制度优越性等方面得以体现，如图 12 所示。

图 12　企业知识创新的组织能力体系

2.3.2 咨询企业的组织结构

企业组织结构，就是企业内部各个有机构成要素相互作用的联结方式或形式，它涉及决策权的集中程度、管理幅度的确定、组织层次的划分、组织机构的设置、管理权限责任的分配方式以及组织中各层次、各联系之间的单位沟通

我国中小型咨询企业的知识管理优化研究

方式等问题❶。美国著名的管理学者钱德勒首先提出了"战略决定结构，结构追随战略"的观点。企业的发展具有明显的阶段性，不同的发展阶段具有不同的战略、不同的经营规模，因而也有着不同的结构。发展的阶段性、战略类型、规模、组织结构之间有着内在的紧密联系❷。

严格意义上讲，目前国内的一些附属于国家机关或部门、部委的政策研究中心、战略研究机构或是情报信息研究所本是非项目驱动型企业，但是在这些隶属于国家机关的企事业单位中几乎都存在着很典型的项目型部门或组织。

咨询企业项目化组织程度决定了组织将项目置于组织结构图的什么位置，决定了将项目"嵌入"到原有组织的程度。企业项目化组织程度如图 13 所示。

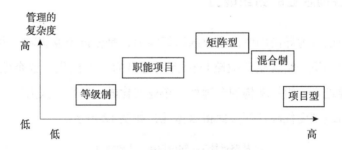

图 13　企业项目化组织程度

项目化组织根据企业自身的情况来选择各自的项目化组织形态，这些组织形态没有正确与错误之分，只有针对企业各自的情况"适合"与"不适合"之分。项目化组织形式有很多种，大体有如下几种❸：

2.3.2.1　项目内置式

如图 14 所示，这类型的组织将项目管理的工作置于某一个具体的职能部

---

❶ 余武明. 企业组织结构调整模式分析 [J]. 科技进步与对策, 2001 (09): 99 – 100.
❷ 陆文江. 企业集团组织管理结构的比较与选择 [J]. 中国核工业, 2008 (09): 45 – 47.
❸ 李文. 项目化企业的组织结构选择 [J]. 管理工程学报, 2005 (09): 97 – 100.

48

门之下，由部门负责人管理，比严格的等级制多了一些灵活性。优点在于项目在部门经理的直接领导下，有助于快速调动部门内资源。缺点是项目资源只能在部门内共享和分配，一旦涉及部门外资源的支持将会遇到协调的困难。

图 14　项目内置式

2.3.2.2　纯项目型组织

纯项目型组织是最彻底的项目化组织。从图 15 中可以看到，纯项目型组织以项目为单元，拥有自身独立的职能部门和管理人员，项目中所涉及的行政事务、人事及财务等完全独立于母公司，所做的项目周期往往较长、技术含量通常较高、协同对外较多，需要专业的技术人员和项目管理人员。

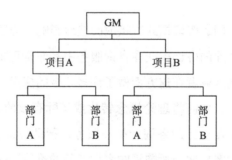

图 15　纯项目型组织

2.3.2.3　矩阵型组织

矩阵型组织结构融合了职能型组织和纯项目型组织各自的结构优势特点，这类型组织既能较好地平衡企业的资源分配，又能保证各个项目在时间、绩效、成本上达到最优，是目前项目化组织中最为理想的类型。

在矩阵型组织中又存在强矩阵和弱矩阵之分，根据组织是否任命专职的项目经理和成立项目部来区别强矩阵和弱矩阵两种情形。强矩阵从组织形式上看更接近于纯项目组织，如图 16 所示。员工兼职参与项目的同时还承担职能部门的工作，考核由部门经理实施，项目经理如想要利用企业内部资源需要与职能经理共同协商，这种结构就是弱矩阵型，如图 17 所示。

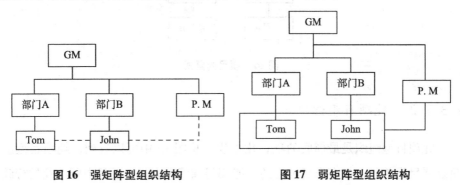

图 16　强矩阵型组织结构　　　　图 17　弱矩阵型组织结构

2.3.3　咨询企业的咨询模式

咨询企业采用不同的咨询模式直接或间接地影响其为客户提供咨询的效果和价值，所以咨询企业的咨询模式在咨询服务中是非常重要的一环。很多科研机构或咨询界的资深从业者在这方面做了许多积极的探索工作，其目的是在开展咨询实践的基础上，如何将理论概念转化成实际有效的方法、技能和途径，进而有能力开发出企业自己的咨询产品和服务，帮助咨询企业找准市场定位，建立差异化战略，为客户增加所购买的咨询产品的价值，提升咨询服务的质量标准。著者在调查分析咨询机构服务模式的基础上，总结得出了以下具有不同特征的 6 大咨询企业的咨询服务模式。

2.3.3.1　以结果为特征的咨询模式

这种咨询模式的特点是根据客户所委托的咨询需求，比较独立地进行事实调查，收集相关数据资料，诊断分析，形成结论，提出咨询建议。在整个过程中与客户的沟通较少，比较注重委托任务本身，致力于解决问题。此类咨询模式特别注重咨询专家的专业技能，而对专家的其他能力，如沟通能力、协调一致的能力、业务管理和开发能力的要求则相对较低。由于每个人都有许多未被开发和未发掘出的潜力，倘若咨询专家仅把注意力和业务目标局限在最终结果的导向之上，那么开展业务的空间就会变得相对狭小。所以，如果跳出面向结果的服务模式，咨询企业机构或许能够发现更为广阔的市场空间，为自身的发展壮大寻找到更多的新思路。

2.3.3.2 以报告为特征的咨询模式

此类咨询服务模式的特征与以结果为特征的咨询模式相似，其主要区别在于它的咨询项目服务结果采用的表现形式为咨询报告。但是这种采用咨询报告为服务方式的咨询模式，所表达的建议和想法往往会出现脱离实际、纸上谈兵的情况，报告完成后可能被采用的部分占报告总体内容的比重较少，大概仅为25%～30%❶。这种服务模式正在悄然改变，咨询专家等咨询服务提供方主动联系咨询客户，并与客户共同组成项目工作小组，工作小组的使命不是为客户方写出一份咨询报告后就结束，而是为了共同进行实质性的工作并渴望收到预期效果。

在我国许多咨询企业或机构大多仍然采用这种服务模式，在服务质量和效果上打了较大的折扣，其主要原因是他们把咨询项目任务错误理解成了研究任务。尽管研究和咨询有许多共同之处，二者之间并没有什么本质上的冲突，但是它们之间也存在不小的差异。一般而言，研究任务中的问题是研究人员提出的，通常是较为公开的、在弹性时间要求内探索需要研究的问题，其产品一般是以新知识和新理论的形式呈现出来。而咨询项目中所涉及的问题一般是客户提出的，有时也是客户和咨询人员在合作的基础上提出的，此类工作通常是具

---

❶ 来自美国双子座咨询公司（Gemini Consulting Firm）吉尔特的统计数据。

有一定程度的保密性的，且有着较为严格的时间限制，仅是围绕客户的问题而开展研究。研究项目一般强调其理论性和指导社会应用的广泛性，而咨询项目更强调其实践性和客户应用的单一性。我国的许多咨询企业和咨询机构最早承担的主要任务多来自于政府的研究课题，这些研究课题中有些是咨询项目，有些是研究项目。由于在相当长的时期内，对所有研究课题采用相同的研究模式，又因为往往是提出公共性问题的解决办法，其保密性并不强，这也导致了部分咨询企业或是机构的服务模式过于单一化。

2.3.3.3　以过程为特征的咨询模式

该模式的最大特点是以咨询专家过去提供咨询服务的经验和阅历为基础，但不囿于这个范围，并且认为解决咨询客户所提问题是一个过程，在这个过程中，咨询专家与客户的项目经理们共同组成项目工作组，大家一起分析问题、探讨解决问题的办法。他们认为在这种工作模式中，咨询专家要具备超越书本知识的远见卓识，一般要具有协商、促进、分析问题和同时处理多种变化的能力，他们倾向采用客户接受和有利于自身才能发挥的灵活方式为客户提供咨询服务。以这种模式提供咨询服务的咨询专家更加重视项目团队内部成员的相互作用，刻意策划并留意各类会议召开的方式和沟通效果，关注客户组织的决策方式以及影响咨询过程效率和效果的因素。正如 Jone A. Byrne 所说"为消除怀疑，咨询专家逐渐与客户经理们并肩作战，并实施变革，由外来小组独立工作，只把报告起草出来就走的日子一去不复返了。"

现在越来越多的咨询企业趋向采用或是已经采用这种工作方式。我国许多在市场经济中发展起来的中小型管理咨询企业，在服务模式上也开始逐步采用与客户共同工作、注重在过程中解决问题的咨询模式。

2.3.3.4　以知识转移为特征的咨询模式

以知识转移为特征的咨询模式的主要特点是：咨询企业或咨询公司关注的重点不是直接给客户提供技术知识和解决问题的方案，而是把解决问题的思路、方式、方法传授给客户，使客户可以自己独立诊断和解决自身面临或有可能面临的问题。他们认为这样可以增强客户的能力，在咨询公司完成咨询项目后，客户如果又遇到类似的问题，就可以尝试自己解决了。在这种咨询模式下，要求咨询专家不仅具有前三种咨询模式要求的技巧和能力，还需要具备教练和辅导能力。在知识转移的咨询活动过程中，咨询专家与客户组成工作小组共同工作，在密切的合作交流过程中，提供咨询服务的人员的主要任务是将解决问题的方法转移传授给客户，并帮助他们诠释结果并做出决策。整个咨询过程中，大部分具体工作的部署开展都应该由客户的职员参与完成，而咨询专家主要起到辅导和辅助作用，例如他们与咨询项目组人员一起确定调查范围，在工作中逐渐掌握咨询的工作技巧，在咨询专家的帮助下，对具体的问题事物做出分析判断，提出解决问题的原始方案并做出决策。咨询客户方的这种参与既可以节省用于购买咨询服务的费用，又可以减少咨询产品中决策方案的实施阻力，与此同时客户方在此过程中也逐渐学会、掌握了解决未来问题的方法工具。正如波士顿咨询公司的克拉克森所说："我们不要让咨询专家只管想，客户只管做，如果我们不只是说，而是愿意带领客户去做，将自己所掌握的知识、经验和技能交给客户，就会在此行业中名列前茅。"值得注意的是，在这种咨询服务模式中，咨询项目的工作人员要注意把提高客户解决问题的能力和可信程度结合起来考量，较为有效的方法是要让他们能够融入到咨询企业或咨询公司所派出的咨询小组中去，同时专家们也要注意帮助客户提高工作效率，时时观察，并及时纠正错误。

2.3.3.5　以长期合作为特征的咨询模式

这种模式的主要特点是咨询企业或咨询公司与客户保持着较为长期的合作关系，这种关系有的可以持续 10 年甚至 15 年以上。例如，通用咨询公司在为坦尼克公司提供一次咨询服务后，每年派遣 9 名咨询专家为坦尼克公司提供长期服务，且咨询小组负责人要参加坦尼克公司每月估测进度的工作评估会议。这种情况下通用咨询公司的主要负责人认为，像这种咨询公司外派专家融入到客户企业内部去执行没有尽头的任务的做法，将会成为一种长期合作式的咨询服务模式。但也有人对这种咨询服务模式提出了疑问，担心这种长期合作的趋势可能会有损于咨询企业的部分利益，因为咨询专家的不可替代的作用在于他们能用多变的视角和公正客观的眼观看待客户的问题，但如果与客户的合作关系过于久远，极有可能形成思维定势从而会丧失敏锐的洞察力，同时在某种程度上也会引起客户公司内部管理人员的一些反感。

2.3.3.6 以团队接管为特征的咨询模式

这类咨询模式的出现是由于现在客户所遇问题的复杂性在日益增强，客户在咨询项目的实施过程中，风险不断增大，同时为了补充由于消减管理人员引起的管理断层。从前由客户企业的管理人员所做的工作，现在需要聘用咨询专家来完成，于是咨询专家们就成为了经验丰富的临时业务主管，代替那些已经被客户公司裁员的业务主管或部门经理们，这样既可以降低咨询建议转化为最终决策的执行风险，同时又能节省人力成本。由于我国企业正处于快速的经济转型期，正面临着巨大的变革和挑战，历史沉积形成的传统观念、管理模式和管理制度已经很难适用于当今现代企业的发展需要，在短时期内较难依靠企业自身的力量实现质的变化。这种托管型的咨询方式早在 20 世纪 90 年代初在发达国家就已经出现了，目前在我国采取这种咨询模式的咨询公司依旧是凤毛麟角。

在提供咨询服务的过程中采用什么样的咨询模式往往与客户的需求、咨询项目的类型、客户的文化习惯、咨询机构和咨询专家的服务习惯以及咨询经验等多种因素相关，不同的模式往往决定着咨询专家使用哪些不同的方法、技术和工具，但是必须要了解所有这些咨询模式，了解其优势和弊端，这样咨询企业才能针对不同的情况，灵活采取不同的咨询模式。某些咨询项目中所需的专业方法可能非常少，而更多的是依赖于咨询专家在技术领域的知识深度和广度以及在专业相关领域内所需的咨询实践经验的积累，这就要求咨询专家在为客户提供咨询服务时，必须清楚应该使用什么样的咨询方式、特殊技能、方法或是窍门，从而为客户带来最大的咨询产品价值❶。

　　小结：文章论述了知识管理基础理论中有关知识管理的思想来源、定义、知识管理理论的发展历程、知识管理的方法措施等，此外著者还概括地介绍了经济学的优化理论、管理学的组织管理理论、企业文化理论以及中小型管理咨询企业的基本管理理论，并且围绕中小型管理咨询企业的咨询模式展开了详细的论述说明。

---

　　❶ 璐羽. 创建和保持成功的咨询业务 ［M］. 北京：科学技术文献出版社，2005：121 – 125.

第3章 基于知识生产和运动层面的中小型管理咨询企业知识管理优化

　　组织要共享和利用知识，首先要知道自己拥有哪些知识，哪些知识可以从外部获取，哪些知识需要开发、创造，这些过程统称为知识的生产。当组织捕获到或是组织自身创造生产出知识后，由于知识自身并不具备稳定性，当条件成熟时，知识便会以知识流的形式开始运动，这就是知识运动。

　　咨询企业所专有的知识资源是形成企业核心竞争力的基础，对知识的再造和对知识的创新是企业发展的动力和源泉。知识的最终获取是在知识形态的不断转变之后得以完成，这种知识形态的变化通常是在人为作用下有序进行的。一切知识的最初形态是信息，将有用的信息记录于载体之上的过程可视为常态情况下知识的原始产生过程，而将记录于载体上的知识进行分类以便将来对其提取利用，这一过程可看作是知识的初级加工过程。上述两个过程是可被编码的显性知识的初级生产过程，编码后的显性知识可以直接进入知识的流通过程。由于知识不仅仅以显性形态存在，大多数情况下知识是以隐性、半隐性形态存在，所以如何将这两种形态下的知识结合已编码化的显性知识进行统一加工，进行严格意义上的知识再造和知识创新，并使之进入流通过程，为最终面向客户端的知识转移做好准备，是咨询企业必须要完成的基本任务。

3.1　咨询企业的知识组织

中小型管理咨询企业应强化对于知识的组织能力。知识组织一词最早是
1929 年由美国著名分类法专家布利斯（H. E. Bliss）提出的。关于知识组织主
要有两种看法，其一是以文献单元为基础进行知识组织，将其研究范围局限于
文献的分类、标引和编目，如布利斯、谢拉等人均持此观点。这实际上是传统
文献组织的一种延伸，是对文献中的知识的组织。而另一种则强调以数据单元
为单位进行知识组织，主要是从人类创造知识的过程和利用知识的特点出发来
组织知识，主张建立知识组织系统。

3.1.1　知识组织的原理

任何活动都是以一定的原理为依据的，知识组织也不例外。从结构上看，
知识有两个基本因素：知识因子和知识关联。前者是组成知识的基本单位，它
可以是一个概念、一个词语或一件事物；后者是若干知识因子间的特定联系。
据此，知识组织的方式大体可以分为两种：一种是以知识单元为基础；另外一
种是以知识关联为基础❶。

（1）以知识单元为基础的知识组织方式是以知识单元为处理对象。

知识单元是被"浓缩"了的知识。以知识单元为基础进行知识组织就是
将知识单元或知识单元集合中的知识因子抽出，对其进行形式上的组织。为了
提高工作效率、节约知识用户（咨询产品购买方）的等待时间，知识提供方
（咨询产品生产方）需要向其提供"纯信息"，即向用户提供所需的知识信息
内容。鉴于这些知识信息都是事先经过选择、评价后存入的知识单元，因此用
户无需再次花费时间查找、定位知识单元的出处。可以说这种方式是当前知识

---

❶　李家清. 知识组织方法及策略研究 [J]. 图书情报工作，2005，49（5）：41 – 44.

组织的主流方向。

（2）以知识关联为原理的知识组织方式，是在可能与项目相关的领域、行业、专业技术等知识信息中提取大量的知识因子，并在此基础上对其进行分析研究。

从知识组织的结构和知识组织的方式来看，知识组织的基本原理就是用一系列方法手段把隐含于知识客体中的知识因子和知识关联表示出来，从而方便人们的认识、理解与接受。知识组织的原理可以从以下三方面分别考量。

3.1.1.1 知识重组

狭义的知识重组是对某种隐含于某一知识客体的知识因子或知识关联进行重新组配，从而产生另一种形式或形态的知识产品。

广义的知识重组有多种类型，见表6。

表6 知识重组的类型划分

序号	不同划分	类 型
1	按知识的组分划分	文献单元的组分重组和知识单元的组分重组
2	按知识的内容划分	知识因子重组和知识关联重组
3	按知识连接的方式划分	串联的知识重组和无串联的知识重组
4	按使用目的划分	主体性知识重组和问题性知识重组
5	按内容成分划分	单行业领域知识重组和跨行业领域知识重组
6	按服务性划分	主动性的知识重组和被动性的知识重组

通过知识重组可以整合文本、图形、图像、音视频等不同媒体的知识，也可以整合政府、科技和商业等属于不同系统的知识，知识重组特别强调知识间的逻辑关系。知识重组技术包括聚类分析、关联分析和自动摘要等文本挖掘和多媒体挖掘技术，以及传统的分类技术、主题标引技术、知识标引技术和文摘索引技术等。可以说知识重组是咨询企业生产、制造知识商品的一种重要方法和途径，咨询企业的知识管理人员通过对项目或项目实施过程中蕴含或涉及的知识，根据知识关联进行重新组配，从而衍生出新的可被识别利用的知

58

识商品。

3.1.1.2 知识表示

知识表示是把知识客体中的知识因子和知识关联表示出来,以便于人们对于知识的识别和理解。知识表示仅是把客观知识表示出来,对其并不做任何改动,主要目的是"表示",而知识重组是对客观知识的重组,其方式是"重组"。所以可以说知识表示是知识重组的前提,或者可以理解为,知识表示的效果决定知识重组和知识应用的效果。同知识重组一样,知识表示也可以分为知识因子的表示和知识关联的表示,前者是把知识客体中独立的知识因子用一定的描述或揭示方法表示出来,后者是把相关知识因子之间的联系用一定的方式表现出来,以使彼此相关联的因子间形成可控的意义系统。对于咨询企业而言,知识表示意味着咨询企业的知识管理人员采用某种知识编码系统,采取某种知识记录的手段,选择某种知识表达载体,来记录表达生产知识商品所需的"知识原料",可以说知识表示过程就是知识呈现的过程。

3.1.1.3 知识记忆

对于个人来说,使用和创造知识的前提条件是记忆一些知识,对于企业组织,亦是如此。组织是由众多单一个体组成的,但是掌握在个体头脑中的知识并不能完全成为整个组织的知识,因为个人所记忆的知识不是一时间就能被获取、分享、理解和使用的,个人头脑里的知识信息就是对于个体本人而言,也有遗忘或说不清道不明的情形。如果某个人离开了,那么这部分知识便会随之消失,所以对于咨询企业来讲,建立组织层面的记忆,最大化地使知识形式化、书面化、编码化是极其重要的。

咨询企业组织记忆的内容应该涵盖下列知识与信息:知识源的索引与检索技术,计划与调度程序,工作步骤,工作准则与政策,原则与导则,信息与数据存储,因果关系模型,决策规则依据,绩效指标核定,业务流程设计,企业利益攸关人与客户简况(知识产品需求、企业期望预期、咨询感受等),知识产品与服务（特色、功能、价格、销售、售后），领域内的人力资源概况（知识领域、经验、工作地点、联系方式、兴趣爱好），各咨询领域的卓越成果和现状评估等。

企业组织记忆除了大量存在的形式化的知识，如文档和书刊外，还包括以下五个组成部分：个人的记忆与能力，变革的过程与系统，企业文化（信念、价值观、企标和情节），生态（市场环境与改造、企业自身生存状况），外部关系（咨询客户、竞争对手、行业群、政府相关行业政策）。

组织知识的记忆和保持与知识的表示方法有着密切的关系。中小咨询企业在进行知识存储之前，有两个知识维度需要考虑：一是知识的结构，二是推理机制。对于知识产品的用户来说，知识结构是已经确定下来的，但推理是主观能动的，能对结构进行处理以产生更易消化吸收的知识输入，如解决方案、推论等。

其实每一种知识结构都有专门的推理机制与其相配合。例如建立超文本链接与关键词的搜索可以给数字化了的文本、图片、音视频文件增加可利用价值。关系型数据库作为一种知识形式，如果没有相应的查询语言，其利用价值就会很有限。又如规则库，如果没有推理机的使用，也不能解决任何问题❶。

关于知识的储存还需要引入知识储备库的概念。知识储备库是一种可以存放某一专业领域中的知识、经验和文档的计算机设备。知识经过收集、格式化并转换为数字形式后，可以放进知识储备库中，一般情况下主要是由以下知识结构形态得以体现：

（1）专业字典，包括咨询行业及相关知识领域中的名词定义、概念和词汇。

（2）图像库，包括数字化后的图像和视频文件。

（3）文本库，包括书籍、期刊、手册和说明书。

（4）文档库，包括超文本。

---

❶ 王众托，吴江宁，郭崇慧. 信息与知识管理［M］. 北京：电子工业出版社，2010.

（5）数据库，包括各类型数据库。

（6）实例库，包括决策与解决问题的典型事例。

（7）规则库，包括定义型知识、决策和解决问题的规则。

（8）脚本库，包括事件、过程和典型的行为。

（9）对象库，包括概念、实体和对象。

（10）过程库，包括工作流程。

（11）模型库，包括因果关系模型。

以上所列知识储备库几乎囊括了所有的知识结构模式，对于一个具体的中小型管理咨询企业而言，由于受企业规模和人力、物力方面的限制以及根据企业自身发展需求、发展条件，只能重点选择其中几种知识储备库来进行建设，主要有：

（1）实例库。实例库至少应该包括两部分：一是工作实例库；另一个是决策准则库。实例库包含将工作经验与教训、成绩与失败都记录下来的文档。使用实例库应该经过指导培训，从而使知识管理岗位交接能够顺利进行并使员工尽快投入到新的工作状态当中。

（2）规则库。主要用于决策支持，建库时先要确定影响企业发展的主要决策。从决策者的角度出发，外界的、他人的知识可以用来改进决策质量。一般情况是先选定决策变量，然后依据变量收集相关信息。之后可以从最好的战略决策专家那里获得知识和规则，然后根据实际工作去检验这些规则。

（3）过程库。是描述企业如何进行工作的流程图的有机结合。流程本身可以被分解成一项项单一独立的任务，但是不宜分化过细。过程库在进行仿真与预测时是很有用的，应该多收集一些成功的咨询案例的操作过程及经验，将其加入到知识储备库中。

知识组织的最终目的是利用组织过的知识，知识记忆是必不可少的环节。知识记忆的有效手段是建立知识的存储与检索系统。知识的存储和检索又可以分为文献知识的存储与检索和网络知识资源的存储与检索。知识记忆以构建项目案例库、行业项目库、知识库、知识仓库及与各库相对的索引、摘要等形式体现在咨询企业的知识管理过程当中，其中知识库和知识仓库是咨询企业知识管理工作中最常见的知识存储技术。

（1）知识库。知识库通常包括事实、规则和概念。事实是对基本信息的描述；规则是从咨询专家们的经验中抽取出来的知识；概念分为信念和常识。

（2）知识仓库。知识仓库是以多行业、多类别数据库组成的一个集合，它涉及众多行业和众多层次单元，在形式上包括文字、影像和图形等具体存在的多媒体形式，也包括理论、假想算法和推论等抽象形式，是一个比较庞大的知识综合体。

知识库一般用于存放领域知识，在规模上比较小，知识的种类也比较单一；而知识仓库是面向主题的，包含的知识数据资源广、种类多、数量大，适用的行业也多，具有强大的知识支持辅助决策功能。

3.1.2　基于咨询企业知识流程与业务流程的知识采集与编码

知识管理和企业流程管理是两个并行且又各自独立运行的企业活动，二者均以提高企业创新能力和竞争能力为目标。前者以"知识"为核心，后者以"流程"为核心。"知识管理流程观"涉及的重要概念包括流程（process）、知识流（knowledge flows）、流程知识（process – based knowledge）、知识流程（knowledge process）、流程导向的知识管理（process – oriented knowledge management）。

流程（process）：广泛而一般意义上的"流程"是指工作之间的传递和转移关系，分为业务流程和管理流程❶。

知识流（knowledge flows）："knowledge flows"被译成知识流动或知识流。著者认为知识流动强调的是知识的流动状态，而知识流则强调的是流动状态下的知识。

---

❶　王璞. 流程再造［M］. 北京：中信出版社，2005.

流程知识（process‐based knowledge）：流程知识是区别于静态知识的一类知识，其特殊之处在于它是动态性流程驱动型的，包含产生于流程的知识以及有关流程的有用信息，具体分为流程范本知识（process template knowledge）、流程即时知识（process instance knowledge）和流程相关知识（process related knowledge）。流程范本知识包含流程范本自身的演变过程、流程的定义以及流程的设计、分析和驱动过程中得到的重要信息。流程即时知识是在流程绩效评价过程中产生的信息，包括与流程环境、资源和结果有关的信息。流程相关知识是在流程自身运行中产生的应用知识。

知识流程（knowledge process）：知识流程是指从知识采集开始，经过知识编码、知识加工、知识创造、知识储存、知识转移和知识应用，最后实现知识的提升和增值这样一个整体过程，其中的知识采集、知识编码、知识加工等都是知识管理的活动。知识流程与流程，尤其是与知识密集型流程的关系在于，知识流程与流程应是融为一体的，咨询企业知识管理的活动应该融合于咨询企业的业务流程当中。

咨询企业的业务流程通常是指为完成企业既定的目标或任务而进行的一系列逻辑相关的活动或作业的集合。核心业务流程是对整个企业性能起主导影响的业务流程，该流程的执行频率高、对企业绩效影响大。咨询企业推行知识管理首先应以核心业务流程为对象，因为它是直接影响企业营运功能的首要作业项。每个企业均有其核心业务流程，项目管理及开发流程是咨询企业的核心业务流程。

3.1.2.1　知识采集

知识采集是咨询企业知识流动的初始工作，对于企业知识管理者而言，首先要建立知识采集的目标，其次是确定知识采集的内容范围，在采集过程中要做到有针对性和有目的性，减少不必要的重复劳动，提高知识采集的效率。咨询企业知识管理人员在知识采集时需要重视的维度有知识形式化的程度、知识领域、理论与实际的特点和知识领域的成熟度四个方面。

1. 知识形式化的程度

依知识的形式化程度，知识可以分为显性知识和隐性知识两类。显性的知识能够以文本、图像、表格以及专家系统的形式表述，可以阅读、理解、讨论和应用，并可以用纸面形式或电子形式保存在知识储备库中，并可以通过推理等逻辑思维能力产生新知识。

显性知识在咨询企业内部的来源主要有手册、说明书、报表、备忘录、调查报告、管理信息系统和流程图等；外部来源主要有书籍、杂志、财务报告、新闻、研究报告和产业分析等。互联网、学术会议、趋势分析、咨询报告、传单、笔记、音视频文件、典型介绍等也都是咨询企业获取显性知识的来源。

隐性知识存在个人、组织的大脑中，在研究、讨论、调查、发言、总结、推理说明、介绍、讲座的当时第一时间，人们能够进行陈述与交流，但如果不及时把它们转化为有序有形的知识，它们就会随即消失。

2. 知识领域

知识领域亦可以按咨询企业系统的内部和外部来进行区别：

咨询企业系统外部的知识包括市场、竞争、产品、顾客、服务和供应等。系统内部则涉及下列诸多知识：过程，测度（财务、生产、顾客和雇员），专长，管理手段，结构（组织、团队），技术，激励制度（发展、授权和报酬）及企业文化等。

3. 理论与实际

在理论与实际方面出发，知识可以分为理论知识与实践知识两类。理论知识包括基本概念、模型、原理和学说，都是由某一领域的咨询专家通过多年的经验与实际抽象和概括得出。实践知识包括惯用规则、应用原理、经验以及其他一些诀窍，都是应用于日常工作的。有时咨询专家在遇到问题时，会用一些走捷径的方法来解决，这种方法是人们从经验中逐步总结归纳出来的，但是往往是不经意间掌握的，很难利用知识形成的方法变成有意识的知识。

4. 知识领域的成熟度

知识领域的成熟度是与知识的结构化程度相关联的，通常可以分为良结构化、半结构化和非结构化的三类。

良结构化的知识，如算法、理论、公式、框架体系和分析过程等，这些都是可以应用于建模和推理的。

半结构化的知识，如判断、启发式思路和决策规则等，这些是可以用基于规则的方法来进行推理的。

非结构化的知识，缺少甚至是没有理论，如新的咨询领域和咨询案例形成的经验等，但是可以用于基于事例的推理。

有形的知识在被收集起来以后，仍需要对其进行筛选，检查所获知识是否已经存在于咨询企业的知识储备库中，新知识应该收入到企业知识管理系统中的知识库里。一般而言，知识的选择要从以下方面进行考量：

（1）知识在某一特殊知识领域中的针对性与价值；

（2）知识的准确性和客观性；

（3）发现重复的知识并加以剔除；

（4）寻找缺少的知识；

（5）解决不同的知识所带有的矛盾；

（6）提高不确定知识的可信度；

（7）对无法消解矛盾的知识建立多种框架和角度。

3.1.2.2　知识编码

知识编码是在知识采集过程结束后，对已采集到的知识进行识别、分类、提取、组织和标准化等一系列加工和处理过程，将采集到的无序知识转化为有序知识，使其便于存储、传递和交流。知识编码是将知识从无序到有序、隐性到显性的过程。

知识编码的困难在于隐性知识难以编码。因为显性知识易于通过电脑或其他存储设备进行整理和保存，而隐性知识则是存在于人的大脑里，是企业员工的个人经验。在知识管理人员进行知识编码时，一方面可以建立知识库，以收集各种经验、备选的技术方案以及各种用于支持决策的知识。可以通过模式识别、优化算法和人工智能等方法，对成千上万的信息、知识加以分类，并以知识条目的形式串联保存在记忆存储载体单元中，为日后的项目或流程提供决策支持。同时，建立承载隐性知识的案例库。当咨询企业或是员工再次遇到类似或相近环境的时候，能过通过检索、查找、阅读、分析以前的案例，从中得到所需的隐性知识来解决面临的问题。另一方面，建立一个包含相互联系的合同、文档和事件等元素所构成的知识地图，这个地图允许使用者在使用的同时发表评论。知识地图的另一种使用方法是描述企业流程中所蕴含的知识信息，将业务流程中的知识流通过流程图的方式展现出来，并整合关键知识点，以达到提高生产效率的目的。

3.2　知识获取过程的知识管理优化

由于国内中小型管理咨询企业自身体量较小，因而所承接的咨询项目规模通常也较小，在这种前提条件下，中小型管理咨询企业在完善自身知识体系的建设时，对知识的获取、储备、加工、整合等一定要有高度的针对性和专业性，不可盲目求大，在将知识显性化过程中编码要标注得清楚明了，要具备统一的著录标准，以求和其他外部知识资源的知识检索途径匹配。同样，对于析出知识的分类也要做到标准统一，分类内容要具备可扩展性和易用性。

3.2.1　标准化著录

小型咨询企业由于人力、物力、财力等资源方面的限制，所以对于文献信息及网络信息、专利信息的收集、编辑、著录、分类等一系列知识加工的过程要做到有的放矢，不可一味求全求大，从知识的收集、加工阶段到知识的形成、储备阶段都要做到有选择性、有针对性，要围绕企业自身业务特点展开围绕知识析出、知识呈现及知识转移的工作。中小型管理咨询企业所做的项目及项目覆盖领域，不论从量上还是面上都远远不及大型跨国咨询企业，中小型管理咨询企业的项目案例库、客户数据库、流程模型库的建设相对滞后，往往项目管理人员甚至是项目经知道的也仅仅是"我做过什么项目"，而不清楚项目与项目之间存在哪些可以深挖的内在关系。

另外中小型管理咨询企业通常是在拿到项目之后，乐观一些可以说是在与客户项目洽谈阶段时，方才开始准备项目所需数据、资料、案例，通常情况下由于受项目结项时间或是项目洽谈阶段的时间限制，这些项目前期准备工作甚至是项目自身完成得并不充分。所以中小型管理咨询企业在常规工作当中，便应着手收集有关不同类型行业、产业、市场的相关知识信息，如行业报告、行业年鉴、企业年报、市场分析报告、行业协会的会议记录等，并在此基础上分析研究庞大产业及行业市场中潜在咨询客户的知识需求特点，做到未雨绸缪，将项目期间的知识收集工作提升为常规工作，这不仅可以减少项目期间员工工作压力，还可以提前挖掘潜在客户对咨询产品的需求情况，从而可以提高日后的项目洽谈成功率。

在常规记录知识信息的工作当中，中小型管理咨询企业一定要注意必须保证著录信息的准确性和一致性，要求统一标准化著录，避免因工作人员的调动而产生的前后无法衔接的问题。

中小型管理咨询企业的标准化著录主要包括一般文献著录、电子文献著录和专利文献著录。

3.2.1.1　一般文献著录

文献著录起源于图书馆学。帮助读者认识、选择文献，广泛传播文献所载的知识信息，需要对其馆藏文献编制目录，而这项工作的基础就是对文献进行著录，提取出各项能够反映文献特征的条目，作为检索文献的途径和索取文献的依据。对于刚刚成立不久的中小型管理咨询企业而言，在对知识进行收集整理之时，文献著录工作是一项不可或缺的重要环节，但是这里所说的"文献著录"不是完全图书馆学意义上的著录，并不是特指用以揭示图书资料等文献载体的形式特征和内容特征的记录事项，而是在咨询项目知识储备过程中针

67

对重要信息提示、知识点、知识网络等知识内容的标示记录，目的是方便日后对相关知识信息的二次检索查找，减少将来知识库建设的重复性劳动，提高知识定位、知识关联及知识储备的工作效率。著录内容一般应包括创建者/其他责任者、项目主题词/关键词、资源描述项、资源形式、资源类型、资源标识、日期、来源、语种、相关资源等。

3.2.1.2　电子文献著录

随着网络化、信息化的广泛普及，网络知识信息资源比重逐年加大，电子文献因其时效性强、检索查找相对方便、易于传播与储存等特点，越来越受到人们的重视，并且已经成为人们获取知识信息的首选方式和途径。对于重要知识信息源——电子文献的需求将始终伴随于中小型管理咨询企业的发展壮大过程当中，因此对电子文献的标准化记录、标注有着重要意义。可以说国家标准《文后参考文献著录规则》中关于电子文献著录规则是电子文献著录的一种重要标准参考。中华人民共和国国家质量监督检验检疫总局和中国国家标准化管理委员会于 2005 - 03 - 23 发布，于 2005 - 10 - 01 实施了《中华人民共和国国家标准》（GB/T 7714—2005，代替 GB/T 7714—1987），以达到规范共享文献信息资源、与国际标准保持一致的目的。该标准将电子文献定义为：以数字方式将图、文、声、像等信息储存在磁、光、电介质上，通过计算机、网络或相关设备使用的记录有知识内容或艺术内容的文献信息资源，包括电子书刊、数据库、电子公告等。凡属电子图书、电子图书中的析出文献以及电子报刊中的析出文献的著录项目与著录格式分别按标准的 4.1、4.2 和 4.4 中有关规则处理，除此以外的电子文献根据本规则处理。

3.2.1.3　专利文献著录

对于中小型管理咨询企业而言，在咨询项目的筹划、运营、交付及售后跟踪服务过程中，关于特定行业、学科领域内的专利申请、审核、批复情况的把握是必要的，这就要求咨询企业内从事知识管理工作的人员要熟悉专利文献的具体构成情况，了解不同专利文献的著录特征，从而达到对于专利知识的总体掌握。

通常情况下，专利文献的著录项目位于专利文献的扉页上，它所蕴含的专利信息，能涵盖一份专利文献除权利要求书和说明书之外的所有信息。因此如何挖掘著录项目中记载的信息，也就决定了是否能充分利用一份专利文献。专利文献是一种特殊的文献，因此，其著录项目与一般文献著录项目有着很大的不同。专利文献的著录项目是各个工业产权局为揭示专利申请或其他工业产权保护种类申请的技术、经济信息特征以及可供进行综合分析的信息线索而编制的项目，包括专利及补充保护证书的著录项目、工业品外观设计的著录项目。专利文献著录项目一般包括如下特征：

1. 著录项目中的文献形式特征

专利文献的著录项目格式统一，而且每项数据都有对应的 INID 代码（著录资料识别码）。著录项目最初就是为检索文献和索取文献而产生的，因此，标准化的专利文献著录项目的最明显特征是各项内容形式化，例如：专利文献著录项目中的文献号、申请号、优先权号、国际/国家分类号等项目是数字/号码形式的特征，申请日、优先权日、公布日、授权日、在先申请日、进入国家阶段的日期等项目是日期形式的特征，申请人、发明人、发明名称、关键词、文摘或权利要求等项目是文本形式的特征。

2. 著录项目中的法律情报信息

专利法律信息包括专利的申请是否获得专利权、专利申请的请求法律保护的范围、专利的地域效力、专利的有效期限、专利权的转让或失效等。

法律情报是构成专利技术的有关法律内容的情报，如一项专利申请是否获得专利权，一件专利的权利范围、地域效力、时间权利和权利人等信息内容。

3. 著录项目中的技术情报信息

专利技术信息包括关于专利申请的所属技术领域、技术主题、内容提要等。这些信息对应于专利文献著录项目中的专利分类号、名称、摘要、相关文献、检索领域等。

技术情报是有关申请专利技术内容的情报。每一件专利说明书不仅详细记载了解决某项研究课题的最新技术方案，而且涉及广泛的应用科学技术领域。由于各国基本都会使用统一的国际专利分类法，即使有本国分类法的国家也会给出对应的国际专利分类号，这样可以以国际专利分类法为线索，集聚相互关联的技术，了解特定领域的动向，从而决定正确的研发方向。咨询企业可以通过对专利文献著录项目的统计分析，从中获取研究隐藏在众多专利文献当中的项目所需的知识内容。

3.2.2 可扩展分类

中小型管理咨询企业中的知识管理人员（咨询顾问）在准备、收集、记录咨询项目所涉及的信息内容、知识内容时，经常会遇到需要将相关知识、信息内容分门别类地进行整理保存的情形，所以如何将知识、信息内容科学地进行统一标准分类，是中小型管理咨询企业咨询顾问所面临的一项重要议题，同时，对于文献分类的相关知识的总体把握是十分必要的。

20 世纪 50 年代以来，我国首先诞生了《中国人民大学图书馆图书分类法》（1954 年，简称《人大法》）和《中国科学院图书馆图书分类法》（1958 年，简称《科图法》）。另外，20 世纪 70 年代文化部和教育部组织编写了《大型图书馆图书分类法》等分类法。此后，诞生了《中国图书馆分类法》（以下简称《中图法》）、《中国图书资料分类法》《中国档案分类法》《中国新闻信息分类法》等四部大型分类法。尤其《中国新闻信息分类法》是第一部分类类目与被分类资源一体化的大型分类法，它基于网络环境可以处理多媒体信息资源。以上几部分类法基本覆盖了目前我国文献服务机构所采用的文献分类参考标准。由于中小型管理咨询企业受自身规模和项目规模及数量的制约，所以中小型管理咨询企业的知识管理人员无需对上述分类标准一一详细掌握，但是所要了解的是一种科学的分类体系及分类思想。在进行知识分类时要做到知识分类的标准要具备可扩展性、兼容性和灵活性，根据企业自身发展情况量体裁衣，确定分类归档设置依据，比如可参考项目开展的时间顺序进行分类，可按照项目涉及的行业特征进行分类，也可根据项目金额的大小进行分类，亦可根据项目参与人的学科背景进行归类等。需要指出的是，不论最初按上述哪种分类依据进行分类，都要兼顾日后的类目扩展和交叉分类，例如涉及同一个项目的资料数据既可以从行业的特征进行分类查找，又可以从项目总成本金额为入口进行分类查找。除此之外还应考虑到如何使传统分类与网络分类的互通互融问题，中小型管理咨询企业中从事知识管理工作的相关人员，需要具备整合网络知识信息与文献知识信息进行统一标准分类的"管理"知识的能力。

虽然单一个体的中小型管理咨询企业所承担的项目数量极为有限，但是由于我国中小型管理咨询企业数量基数较大（据不完全统计，目前国内仅中小型管理咨询公司、企业数量就已接近 6000 家），保守估算每个咨询企业完成过 5 个项目，那么全国范围内的中小型管理咨询公司所做项目数量至少在 3 万以上，另外再考虑到工程咨询、技术咨询、专业咨询、政策咨询、教育咨询等其他类型的中小型管理咨询企业，合计完成咨询项目数量保守估算至少应该在 6 万以上。如果将来大部分中小型管理咨询企业开展实施企业知识联盟路线，则理论上存在企业界限将来被打破的可能，那么可扩展的、统一标准的知识信息分类体系必将在知识保存及提取、知识链的建立以及知识共享等方面发挥出巨大作用。

3.2.3　咨询企业知识获取过程的知识管理优化指标假设

基于知识组织的原理（见 3.1.1 节）以及咨询企业知识流程与业务流程的知识采集与编码（见 3.1.2 节），并从咨询企业的实际工作出发，著者提出了针对咨询企业知识获取过程的知识管理优化评估假设，具体如下：

H1：企业有项目所需信息知识的可持续获取来源，如年报、专家系统、网络数据库、书籍等。

H2：企业将各种知识用文字化方式记录下来，转换为工作手册或数据库、知识库等。

H3：企业内的知识组织活动具有标准化的特征（如统一的内部文件管理体系、标准化的知识记录）。

H4：企业的核心知识大部分存在于个别员工身上。

H5：企业注重从员工的工作中总结吸收知识以及从商业伙伴处借鉴知识。

H6：企业的核心知识大部分存在于数据库（案例库、专家库等）中。

3.3　知识转移过程的知识管理优化

各类型咨询企业以项目形式向咨询客户方进行知识输出，并通过知识流的流动流向咨询产品购买方，待完成知识转移全部或部分过程后，向咨询客户收取项目费用。毋庸置疑，咨询企业向咨询客户进行知识转移是前者向后者收取费用的首要依据。对于咨询提供及购买双方而言，知识转移过程进行的顺利与否、完整与否是决定双方关系融洽程度的决定性因素。某种程度上可以这样认为，咨询企业在项目洽谈、项目开展、项目售后跟踪等一系列项目运作过程中所涉及的知识管理活动都是围绕知识转移的全过程而开展进行的，抑或可以认为咨询企业在日常工作惯例中的关于知识信息的查找、获取、记录、分类、储存、提取、应用等知识管理工作的最终目标，就是为了生产、储备、扩充可以用来进行转移的知识流量，从而确保向咨询客户实现顺畅完整的知识转移过程。所以，如何围绕知识转移过程开展实施知识管理优化，提高单位时间内知识转移的知识流量以及知识提供方的知识推送效率和知识获取方的知识接收效率，是中小型管理咨询企业知识管理工作的重中之重。

3.3.1　知识转移的动力

知识共享与转移（主要是最佳实践转移），两者的含义很相似，两者在许多议题与思考上经常被互用。但相比而言，前者属于没有特定对象的自由交流共享，而后者属于有目的、有特定对象、较正式的在组织主导下的知识转移。

对于中小型管理咨询企业中负责知识管理工作的人员来说，了解掌握促成知识在不同个体（咨询企业内部员工）或组织（咨询企业与客户企业）间进行转移传递的动力及影响因素，是咨询企业针对知识转移过程中开展实施知识管理优化活动的基础和前提，只有谙熟知识转移的动力及影响知识转移传递效果的若干因素，才可以准确切入查找阻碍、减缓知识转移进程的干扰因素，在知识管理优化工作中做到有的放矢，事半功倍。

知识能够在不同个人和不同组织间进行转移流通的最根本前提条件有两个，即物理条件和主观能动条件。产生知识转移的物理条件包括：

（1）知识源的存在。

知识源为具有某种知识（隐性或显性）的个人或组织，是知识传播的源泉。一方面，知识源通过传播知识使接受者成为拥有知识的载体，即新的知识源；另一方面，因为不论个人还是企业组织都具有遗忘性，当知识源遗忘了某些知识，就重新成为了知识接受者。

（2）知识学习者的存在。

知识学习者是学习某种知识（隐性或显性）的个人或企业组织。知识学习者在知识传播中具有一定的主动性，其态度和学习兴趣对知识的传播起着重要的作用，特别是在组织推动的知识传播过程中，其态度将决定知识传播的效果❶。

具备了发生知识转移的物理条件并不能使知识转移自行发生，除了具备必需的物理条件外还需要具备产生知识转移活动的主观能动条件，包括：

（1）咨询企业的主观能动条件。

咨询行业存在的必要条件是存在着咨询产品或是说咨询项目的买卖过程，咨询提供方通过出售咨询产品获得利润，从而维持企业的正常运营活动。可以说咨询企业自身的行业性质决定了咨询企业向客户开展实施知识转移的主观愿望，但是咨询企业针对不同的咨询客户产生这种促发与其发生知识转移过程的愿望的强烈程度却不尽相同。对于如下咨询客户企业而言，如表 7 所示，咨询企业与之促发知识转移的主观愿望强烈。

---

❶　Zaltman G，Duncan R，Holbek J. Innovations and Organizations ［M］. New York：Wiley，1973.

表 7　接收咨询企业知识转移效率较高的咨询客户的特点

1. 咨询项目费用报价高的咨询客户企业

2. 有着良好发展前景、具备快速成长潜力的咨询客户企业

3. 与咨询企业有着相近的企业文化的咨询客户企业

4. 咨询项目涉及领域是咨询企业比较熟悉的咨询客户企业

（2）咨询客户企业的主观能动条件。

咨询客户企业购买咨询产品的主观能动性来源于提高企业自身工作效率、完善企业管理流程、优化企业管理结构，最终目的是为了提升企业的竞争力、延长企业生命周期。而相比咨询企业向不同咨询客户进行知识转移的主观愿望存在差别的情形，咨询客户同样对于不同的咨询企业有着不同程度的接受知识转移的能动愿望。表 8 所列为相对容易向咨询客户输出知识产品的咨询企业的特点。

表 8　相对容易向咨询客户输出知识产品的咨询企业的特点

1. 知名度较高，有良好美誉度和信誉度的咨询企业

2. 有着专业化咨询顾问队伍和相对数量较多的、可参考的同类型咨询案例的咨询企业

3. 收取咨询项目费用相对低廉的咨询企业

4. 有着咨询产品售后跟踪服务的咨询企业

综上所述，促发咨询企业与咨询客户之间的知识转移需要同时具备咨询提供方和接受方知识差的存在，既产生知识转移的物理条件，同时在咨询服务提供方和咨询产品购买方之间同时存在知识转移的主观能动愿望，且在产品买卖双方对发生于彼此间的知识转移的主观愿望都较为强烈时，则相对容易产生知识转移活动现象。

3.3.2　面向知识转移的咨询企业档案信息管理

随着知识成为重要的生产要素和机构的核心战略资源，对知识转移的探讨

研究也在不断深入。而作为知识转移重要第三方的咨询公司❶，其中的知识转移内涵有何不同，其基石是什么，知识转移与咨询公司档案信息管理的关系如何，有何共通之处，又该如何把握和结合，都有必要认真探讨研究。

3.3.2.1　知识转移与咨询企业档案信息管理

针对知识转移过程的优化是中小型管理咨询企业知识管理优化工作任务的一项重要环节，知识转移的效用取决于知识输出方的知识推送能力、知识接受方的知识吸收能力以及二者之间建立联系的能力和建立联系时的各种影响因素，如价格因素、信誉因素、时间因素等。著者根据所发放回收的调查问卷及相关数据，通过统计分析众多促发知识转移的动力及影响因子，确定主要动力因素及影响因素，并发现因素间的相互关系，提出效用最大化的理想知识转移模型。

1. 知识转移的内涵及其特征

从 1977 年 Teece 提出知识转移的概念❷起，国内外对知识转移内涵的探讨一直不断深入。与知识管理兴起于工商管理一样，人们最初理解知识转移是基于其对企业管理的功能和意义，由此产生了"功能说"，如 Kogut 等认为企业转移知识的能力是企业存在的重要理由，知识转移的目的是吸收新知识和有效利用新知识，通过知识转移，加速应用那些使组织获益的知识，从而使组织获得竞争优势 ❸。

随后产生了"过程说"，如斯德哥尔摩经济学院的 Hendrik 等人提出知识转移是一种知识传递者与知识接受者之间的沟通过程❹；Hansen 也认为知识转

❶　谭大鹏，霍国庆，王能元，等. 知识转移及其相关概念辨析［J］. 图书情报工作，2005（2）：7－10，143.

❷　Teece D. Technology transfer by multinational firms the resource cost of transferring technological know－how［J］. The Economic Journal，1977，87（6）：242－261.

❸　Kogut B，Zander U. Knowledge of the firm，combinative caper abilities，and the replication of technology［J］. Organization Science，1992，3（8）：383－397.

❹　Henrik Bresman，Julian Birkinshaw，Robert Nobel. Knowledge transfer in International Acquisitions［OL］.［2010－09－21］. http：//www. doc88. com/p－33473160155. html.

移是机构成员间的知识迁移和吸收❶；许强等认为知识转移是知识从转移方向知识接受方传递，并让接受方理解和接受的过程❷；Davenport 等提出"知识转移 = 知识传达 + 知识接收"，接收知识意味着对信息的充分理解并能够据此采取行动❸；Krogh 等认为知识转移的过程分为初始化、转移和整合三个阶段❹；詹青龙等指出知识转移是指知识势能高的主体向知识势能低的主体转移知识的过程❺。

随着研究的深入，对知识转移的认识逐渐上升到本质和宏观层面，如陆侠等认为知识转移是指建立起技能传授、学习和知识管理的体系，将战略设计、组织和绩效设计、管理流程设计、系统流程设计各方面知识在员工中进行贯彻，让大家对相关知识消化吸收，保证系统的运行❻；施琴芬等认为知识的转移是通过组织的地域维度、业务维度及职能维度来降低组织风险的不确定性，破除一些节点问题和壁垒枷锁❼；谭大鹏、霍国庆等专文对此进行概括比较，他们认为知识转移是一个特殊的知识传播过程，是在受控环境中进行的，其根本作用是缩小人类个体或组织之间的知识差距并促进人类的共同发展❽。

根据以上学者的概念界定，可以看出知识转移具有以下主要特征：

首先，知识转移具有较强的目的性和主动性。与知识传播和扩散不同，知识转移是在组织机构有意识的主导下开展的，旨在促进个体和组织的共同可持

❶ Hansen, Morten T. The search – transfer problem: The role of weak ties in sharing knowledge across organization subunits [J]. Administrative Science Quarterly, 1999 (44): 82 – 111.

❷ 许强，郑胜华. 母子公司的知识转移关系和管理权分配 [J]. 科技进步与决策，2005 (4): 96 – 98.

❸ Davenport Thomas H, Prusak Laurence. Working Knowledge: How Organizations Manage What They Know [M]. Boston: Harvard Business School Press, 1998.

❹ 张海涛，蔡景平，过仕明. 知识转移的研究现状与展望 [J]. 图书情报工作，2009 (22): 108 – 111.

❺ 詹青龙，刘光然. 教育知识管理：教育技术学研究的新视角 [J]. 现代教育技术，2002 (2): 22 – 25.

❻ 陆侠，孙会军. 实施 ERP 的必要性探讨 [J]. 计算机系统应用，2005 (7): 91 – 93.

❼ 施琴芬，崔志明，梁凯. 隐性知识转移的特征与模式分析 [J]. 自然辩证法研究，2004 (2): 62 – 64.

❽ 谭大鹏，霍国庆，王能元，等. 知识转移及其相关概念辨析 [J]. 图书情报工作，2005 (2): 7 – 10, 143.

续发展，因而更为主动和积极，更强调方法和策略的计划性、针对性。如当企业自身不具备某类知识转移条件时，就会选择向咨询公司等第三方寻求获得知识源的策略。

其次，知识转移活动是受控的和可控的。所谓"受控的"包含两层含义：一方面指的是并非所有的知识都能顺利地实现转移，只有可编码的知识才能更好地为接收方所理解和接纳；另一方面是指知识转移往往需要在受控环境中进行，这样能保证知识转移的效果和效率，还能更有效避免被动的知识外溢❶。由此机构需要设计可控的平台系统，以保证对知识转移的过程和结果进行控制。

再次，知识转移的过程具有增值性和创新性。知识转移不只是一个被动的接受和继承的过程，而是一个创造性的同化和内化的过程。知识通过转移产生增值、裂变、聚合后，进而就会形成新的知识。因而，知识转移过程伴随着知识使用价值的相应回报，转移完成后往往能达到知识供需双方彼此双赢，乃至多方共赢。

此外，知识转移的对象更为广泛和深刻。与传统信息利用和传播只关注显性知识不同，知识转移关注隐性知识的共享和扩散。刘丽萍指出，知识具有"波粒二相性"。知识"粒"是指作为实体的知识（即显性知识），知识的"波"是指作为过程的知识（即隐性知识）。因知识转移产生的作用有知识结果的转移和知识过程的转移，而后者的影响将会更持久、更深远❷。

2. 档案信息管理为咨询公司知识转移提供保障和支持

咨询公司开展知识转移活动的前提是拥有足量的、可靠的信息和知识储备。因而对于咨询公司来说，广义的档案信息管理不仅包括人事档案、会计档案、文书档案等，还包括根据其业务范围和服务导向建立的各类知识库（即

---

❶　所谓知识外溢是指包括信息、技术、管理经验在内的各种知识通过交易或非交易的方式流出原先拥有知识的主体。被动的知识外溢有利于社会和竞争对手，却会有损于知识所有者自身利益。

❷　刘丽萍. 知识转移过程的运行机制与隐性知识转移机理研究 [J]. 哲学动态，2004（9）：13－17.

知识档案）。在这个知识库中不仅要有事实性的知识（Know – What）、原理性的知识（Know – Why）和技术性的知识（Know – How），还要建立专家档案。因为随着客户需求专业化和精细化程度的提高，任何公司都难以独立完成咨询研究课题和任务，只有掌握了"谁拥有的知识（Know – Who）"，才能更好地实现知识转移方与接受方的匹配，这对于中小型咨询公司而言更是立命之本。杨文等在对福建 36 家管理咨询公司进行调研时发现，绝大多数管理咨询公司都无力聘请全职的管理咨询师，只好聘请兼职顾问，在整个咨询项目运作过程中，管理咨询公司负责接单，再"下单"给管理咨询师"生产"，而后公司负责"交货"及"客服"❶。

3. 知识转移有利于咨询公司档案管理的发展和价值实现

档案信息管理是基础性工作，事关咨询公司的生存和可持续发展，而档案管理本身也是一个承上启下的过程，需要建立素质优良、继往开来的档案工作团队。在著者对中山卓力、佳信等几家企业咨询公司的调研中发现，由于员工流动性较大，经常导致公司业务开展存有难处和困境：一方面新上岗的档案人员对于原有档案存放规律和技术不甚了解，相关信息无法及时查找；另一方面，大量的咨询信息和客户信息及时归档，存入知识库，一旦业务员辞职或离职，这些重要信息也随之而去，对公司损失颇大。而知识转移的提出，对咨询公司及其档案管理工作的发展都是极为有利的。

3.3.2.2　面向知识转移的咨询企业档案信息管理维度分析

所谓管理维度，是在对管理活动要素类型进行剖析的基础上，对管理活动空间范围和视角方位的具备程度、判断条件和评价标准的表示，即对管理活动赖以存在的内外条件予以判定、描述和评价的概念集合。中国人民大学的胡鸿杰教授通过对管理活动机理层面的考察，提出任何管理活动都包括资源、方式

---

❶ 杨文，陈躬仙，余建辉. 福建管理咨询业的现状分析及发展对策——基于 36 家管理咨询公司的调查报告［J］. 科技和产业，2010（5）：26 – 30，40.

和内容三个主要维度❶，档案信息管理也同样不能置身于这三维度空间之外。下面即依照这三个维度对咨询公司档案信息管理中的知识转移进行探讨，如图18 所示。

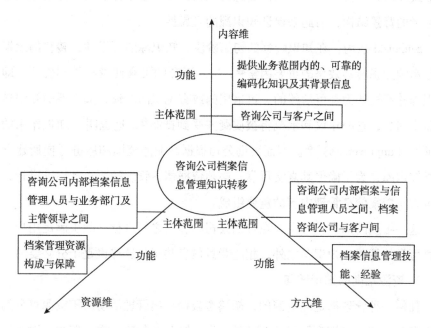

图18　面向知识转移的咨询公司档案信息管理维度

1. 内容维度的知识转移

一般认为，档案信息管理主要是文书档案、会计档案等传统内容，这就有必要首先了解和明确档案信息的特点。和宝荣教授指出档案信息具有联系性和积累性的特点❷，李国庆指出档案信息作为信息资源的一个重要组成部分，除了具有信息的一般特点外，最大优势在于其真实性、可靠性、权威性和凭证性❸。在传统环境下，这些特点通过固化在特定载体（如纸张）上予以保证，而数

❶　胡鸿杰. 中国档案学的理念与模式［M］. 北京：中国人民大学出版社，2005：26－27.

❷　《档案文荟》编辑部. 和宝荣谈档案信息的特点［J］. 档案文荟，1989（2）：24.

❸　乐正. 来自改革前沿的报告. 深圳市哲学社会科学"十五"规划课题成果内容摘要选编［M］. 北京：社会科学文献出版社，2009：421.

字环境下，则有赖于元数据信息了。当然图书与情报类信息也需要元数据，但不同的是，这一类的元数据信息主要用于知识的组织和检索，主要关注知识载体形式和内容分类关联，而归档信息的元数据更侧重于知识的来源信息及知识产生者的背景结构，借此来保证知识源的可靠性。

Szulanski 认为，在知识转移的初始阶段，知识源的可靠性、转移的预期困难是影响知识转移效率的重要因素❶。当知识源的可靠性没有得到确证，即当知识源并不被认为是可信赖的、讲信用的或有见识的时候，知识源的知识转移将非常困难，它的建议和示范将被质疑并受到抵制❷，这也叫"知识作用的未实证性（unproveness）"❸。因而咨询公司根据其业务范围和服务导向所建立的各类知识库，为了确保其真实可靠，必须依据档案管理的要求和标准进行，自然也就是档案信息管理内容的重要组成。

这一维度的知识转移主要在咨询公司和客户之间进行，除了满足用户需求提供可靠的编码化知识源之外，相应背景信息共享与迁移也是十分必要的。

2. 资源维度的知识转移

任何一种管理都是耗资源的，胡鸿杰教授提出管理活动所需资源可分为基础性资源和"特有资源"两个层次❹：前者如人力资源、物力资源、财力资源和信息资源等，为管理活动提供外在保障；后者如权力、规则和文化等，为管理提供内在保障。两类资源都不可或缺。咨询公司档案信息管理也离不开人、财、物等资源的保障，如设备和装具的配备、人员的培训、信息的加工和服务等，同样档案管理水平的提升还需要权力、文化层面的支撑，如公司高层的重视和强调：一则有利于各个部门的档案信息整合，二则利用权力资源可以督促

❶ Szulanski G. The Process of Knowledge Transfer: A Diachronic Analysis of Tickiness [J]. Organizational Behavior and Human Decision Processes, 2000, 82 (1): 9–27.

❷ 唐炎华，石金涛. 国外知识转移研究综述 [J]. 情报科学, 2006 (1): 153–160.

❸ 周和荣，张鹏程，张金隆. 组织内非正式隐性知识转移机理研究 [J]. 科研管理, 2008 (5): 70–77.

❹ 胡鸿杰. 管理资源分析 [J]. 档案学通讯, 2009 (1): 19–22.（收录于中国人民大学书报资料中心"复印报刊资料《图书馆学情报学》"2009 年第 5 期）

实现将存储在员工个人电脑（乃至人脑）中的知识信息予以全面及时的转移和归档，以丰富公司的财富和资本。

这一维度的知识转移主要在咨询公司内部进行，不仅要在档案信息管理人员中予以传播与接纳，一方面要熟悉档案工作需要哪些资源，另一方面也要掌握这些资源能在何处获得，又该如何获取，这类知识转移更要推广到公司业务部门和相关领导，使他们形成概念、习得程序，最终养成大力支持档案信息管理的习惯。

3. 方式维度的知识转移

咨询公司档案信息门类较多，其机密性高低不一，因而信息组织的方式和使用权限的控制存在较大的差异性。这就需要重视对档案信息管理方式的知识转移，以促进机构档案工作的可持续发展。方式维度的知识转移重点和难点在于管理技能和经验等隐性知识，档案信息管理从原理上讲是比较直观和简单的，但是具体的操作需要长期的经验积累和技能熟悉，也绝非一朝一夕能做好的。

这一维度的知识转移还存在于咨询公司和客户之间，不过这主要是指开展档案管理咨询业务和有档案管理专业优势的公司。如浙江省首家公司制档案中介机构——杭州伟邦档案管理咨询有限公司，就针对机关、团体、企事业单位提供档案咨询与指导、档案培训、档案技术推广、档案人才租赁等相关的专业服务❶，而方式维度的知识转移即是此类公司的核心优势之一。

3.3.2.3　面向知识转移的咨询企业档案信息管理实现策略

如上文分析可见，不仅档案信息管理在咨询公司知识转移中起着基础性和关键性的作用，关注知识转移对于档案信息管理也大有裨益，二者互为依托，相互促进。实现面向知识转移的咨询公司档案信息管理需要在以下几方面予以强调和努力。

---

❶ 杭州伟邦档案管理咨询有限公司. 公司简介［OL］. http：//www. hzwbda. com/.［2010－09－28］

1. 主动调研，掌握公司档案管理中知识转移内容

首先是咨询公司领导层要从宏观上对档案信息管理中的知识转移有充分的认识和把握，深入调研公司管理中知识转移的层次和范围，明确哪些显性知识必须按照档案信息的标准和要求予以存储、传播和控制，哪些个体隐性知识应该显性化为组织知识❶并予以及时存档，把握档案信息管理各个维度的知识转移内涵和要求；具体操作执行的档案管理信息工作者更要积极主动，对具有潜在价值、有必要作为档案信息保存的知识，与业务人员共同商讨，拟定归档范围并明确共享权限，业务人员也要认真配合，提出建设性意见和需求，以框定知识转移的目标和范围。

2. 优化档案信息管理中知识转移的资源保障

所谓资源保障就是为知识转移创造必要的软硬件环境。一方面要在人、财、物等基础性资源上对档案信息管理予以必要配备和支持，在档案信息管理人员梯队建设上要引起足够重视，尽早做好准备，有计划、有步骤引导档案专业人员间的业务交流和知识转移，让新生力量在日常的档案信息工作中充分习得管理技术和技能，避免突然的工作移交带来的措手不及；另一方面要利用权力和公司文化等特殊资源，大力宣传、积极引导和推动各类档案信息知识转移，不仅在信息管理人员中，更要在业务部门里，形成健康的知识存档和归档意识，培育良好的知识转移的习惯和氛围。

3. 量身打造面向知识转移的档案信息管理系统

咨询公司要着力开发和建设面向知识转移的档案信息管理系统，一方面要依据和符合本公司的客观实际，另一方面也要保证系统的可扩展性和通用性。如在设计知识采集功能模块时，要对本公司业务流程予以梳理和考察，在各关键环节中嵌入背景信息捕获器，保证归档知识的可靠性和可用性；而在知识传播功能模块中，要在实现目录信息开放的同时，对知识内容进行有效控制，这

---

❶ 卢小宾，车尧，丁海珈. 知识创新理念下咨询业隐性知识转移研究述评 [J]. 情报科学，2010 (1)：140 – 146.

一方面是指利用技术手段严格控制资源使用权限，另一方面是指实现知识转移环境的控制，以提高资源利用率和知识转移效能。

4. 有力控制、有序开发咨询公司知识资产

在拓展和丰富档案信息资源的类型、数量的同时，档案管理人员要建立和完善公司资产档案，特别是对无形资产的归档和建档，不仅要及时接收和控制公司核心知识，保证其安全性和可用性，还要与业务人员积极配合，有条件地对之进行开发和传授，使之不断增值和升值，增加知识转移的吸引力和动力。

5. 创新咨询公司档案管理中知识转移的路径和方法

知识转移不仅仅是一个知识传递的过程，更重要的是要让接受方理解、接受进而创新的过程。知识转移存在许多障碍性因素，如知识源强烈的社会身份和群体本位可能会影响组织内的知识跨群体或跨部门转移[1]，而接受方的态度和能力也同样制约着知识转移的效率和效果，所以有必要创新路径和方法，实现多维度、多渠道的信息共享和知识转移。同时要建立良好的激励机制和利益补偿机制，促进咨询公司档案信息管理水平的提升，促进相关信息和知识转移的规范化和常态化。

综上所述，咨询公司知识转移和档案信息管理互为条件、相互依存，只有在厘清档案管理各维度的知识转移内涵和要求的前提下，从内容控制、资源保障、系统建设、资产开发及方式创新等多方面着手，建立面向知识转移的档案信息管理体系，才能充分发掘咨询公司自身潜力和核心竞争力，增强发展动力，以保证其市场地位和竞争优势，最终实现公司的战略目标和可持续发展。

3.3.3　咨询企业知识转移过程的知识管理优化指标假设

基于知识转移的动力及影响因素（详见 3.3.1 节）以及面向知识转移的咨询企业档案信息管理研究（详见 3.3.2 节），就中小型管理咨询企业在知识

---

❶　Argote L, Ingram P. Knowledge transfer: a basis for competitive advantage in firms [J]. Organizational Behavior and Human Decision Processes, 2000, 82 (1): 150-169.

转移过程的知识管理优化，著者提出了如下假设：

H1：企业出售给客户的知识产品（如行业报告、审计报表、管理流程系统）的价位适中。

H2：企业的咨询产品中包含的信息知识（如行业报告、企业刊物等）与客户本身所掌握的信息知识具有比较高的重叠。

H3：企业具有体系较完备的企业档案信息管理系统，如人事系统、财务系统、业务系统等。

H4：企业在扩散知识时主要是依靠数据库所包含知识的转移来实现知识的传递与转移。

H5：企业有完善的程序和渠道将知识传递至企业的各个部门和个人，如OA 系统、邮件系统等。

H6：企业对知识共享好处的考虑超过对成本的考虑，如建立公司内部开放式案例库、客户查询系统等知识共享硬件都需要公司投入较高成本。

3.4　知识沉淀过程的知识管理优化

中小型管理咨询企业除了应该加强知识收集储备过程以及知识转移过程中对于知识信息内容的优化程度，还应特别强调知识沉淀过程中的知识管理优化工作。所谓知识沉淀过程是指咨询企业在向咨询客户出售咨询产品后，通过售后跟踪调查，掌握了解客户对于咨询产品的使用情况，并根据不同客户的实际情况展开差异化售后跟进辅助服务，帮助咨询客户更顺畅地接收使用知识转移产品；并在此基础上，逐步建立科学完善的针对不同客户情况的售后辅助系统，能够迅速诊断客户在接收知识转移过程中的症结，并对症下药，保障知识转移的效率；此外，知识沉淀同时包括知识管理人员在项目结束后对项目涵盖的知识信息进行总结、分类、标引，并建立企业知识库、案例库、数据库、流程包等项目后续工作。

3.4.1　构建知识索引

项目结束后构建项目知识索引对于中小型管理咨询企业而言事关重要。构建项目知识索引并不繁重，但是它却可以减少日后类似项目中对于同类知识的收集、储备，尤其是查找提取的重复性劳动，且一旦发现有"似曾相识"的知识内容，可以通过知识索引迅速查找定位所需知识信息。可以说通过浏览知识索引可以帮助知识管理人员"恢复"或"唤起"对过去处理加工过的知识信息的记忆，即使知识管理岗位上发生了人员调动，那么后来人员也可以通过已经建立起来的知识索引了解掌握咨询企业做过哪些项目以及项目具体涉及哪些知识内容，从这个角度而言，知识索引可以减少因人员变动导致的知识管理工作上的衔接问题，从而改善普遍存在于中小型管理咨询企业中的知识随人走的主流现象。

中小型管理咨询企业在构建知识索引时可以选择不同的切入点，根据企业实际需要和发展状况可以选择构建不同类型的知识索引。表 9 是提供给处于不同发展阶段的中小型管理咨询企业构建企业知识索引的不同参考。

表 9　不同发展阶段中的咨询企业及与其相适应的企业知识索引

咨询企业实际情况	索引种类		
	知识信息索引	项目案例库索引	流程索引
建立初期的咨询企业	√		
建立中期的咨询企业			√
有一定项目积累的咨询企业		√	

知识信息索引是从信息所包含知识内容本身直接揭示知识信息内容，但是并未按照某种概念或范畴对其进行二次揭示。知识信息索引在咨询企业建立初期可以帮助企业较为快速地把握咨询项目所需要的知识点、知识要素以及知识关联，但是随着企业的逐步发展壮大，面对激增的知识信息，形式简单的知识信息索引将无法满足咨询企业知识管理人员对于知识检索的要求，此时需要在

知识信息索引的基础之上进行二次加工处理。当然，根据企业自身需要可以同时编制不同类型索引，以满足从多方角度进行知识信息的切入查找，特点是编制工作较为复杂，工作周期较长，但是却为未来的知识管理工作及咨询项目的开展大大减少了时间成本。

3.4.2　析出知识信息摘要

摘要是对原始信息知识内容的浓缩加工，是摘取其中的重要数据和主要事例，或是经过实验而形成的二次信息产品。因为所摘取的内容大多来自已被形式化的信息，如文字、文档，所以又称文摘。按知识摘要的加工目的，可分为报道性知识信息摘要、指示性知识信息摘要和报道/指示性知识信息摘要。咨询企业中负责文件管理、信息处理或是知识总结任务的相关人员，可通过不定期咨询特定领域内的资深专家、学者、顾问及从业者的意见或建议，编制咨询企业主营行业项目范畴内的知识摘要，并按企业自身发展需求，编制具有企业专项咨询特色的某一或某几个专业领域内引用摘录，因为知识信息的相互引用表明了知识信息单元的相互关系。一般而言，被引次数较多或被本专项领域权威出版物引用过的信息质量较高；被著名文摘索引检索工具摘录或在评论综述性文章中有所反应的知识信息，其价值也较大。咨询企业的知识管理人员在制作专项领域内的知识信息摘要后，为了方便日后的项目开展、开发，还可以进一步在此基础之上根据关键词、主题词或是企业名称、咨询专家姓名等检索信息编制摘要索引。

3.4.3　咨询企业知识沉淀过程的知识管理优化指标假设

著者就中小型管理咨询企业知识沉淀过程所涉及的知识管理内容，提出了如下相关评估假设，它们分别是：

H1：企业有按行业分类或按项目分类编制的比较系统、完善的知识索引，方便查询某一主题范围内的知识内容。

H2：企业编制有可以按关键词、主题词或企业名称等内容进行检索查找的知识摘要。

H3：企业具备筛选、过滤知识的执行程序，能够迅速提取有用的知识信息，排除干扰信息项。

H4：企业有清晰的客户知识（包括客户信息、客户提出的建议等）的分类程序，如 CRM 系统。

H5：企业有清晰的生产（业务）流程知识分类程序。

H6：企业管理人员经常检查核对企业文档、数据库、知识库内容，以避免错误的产生。

3.5　知识服务创新能力建设过程的知识管理优化

咨询企业存活的根本在于为咨询客户提供源源不尽的知识产品及服务，知识产品质量的高低和知识服务效果满意度决定了咨询企业的最终竞争优势。可以说中小型管理咨询企业在对自身知识系统进行阶段式或分块式知识管理优化的同时，对于知识服务创新能力过程中的知识管理优化具有同样重要的作用。

3.5.1　咨询企业的知识创新

咨询企业是知识型组织的典型代表，为个人与组织的决策和运作提供智力服务，被视为典型的知识密集型服务业。然而，咨询企业在为其他行业担当"智库"的同时，自身也需要进行创新能力建设，包括公司内一切与咨询知识相关的新思想产生与应用的行为与活动❶。咨询企业一般不会选择在市场上通过贸易方式进行知识获取和创新，即像其他行业那样选择知识密集型服务行业

---

❶　石晶，卢小宾. 基于咨询服务创新构建隐性知识共享机制 [J]. 情报资料工作，2007（4）：82 – 85.

进行知识的购买，而是通过一系列知识密集型服务活动来扩大企业的知识源、增加知识的交换渠道以及实现知识的合作生产。

咨询企业和客户的互动，企业内部活动（营销服务）或两者混合（研发活动）密切相关，这些活动组成了知识密集型服务活动（KISA），并且作为咨询企业和知识密集型服务业（KIBS）、研究和技术组织（RTOS）、客户、竞争者和其他组织，如产业集群、产业协会相联系的一个纽带和桥梁。这些活动涉及企业员工和内外部服务提供者互动的过程。互动过程既包含了企业同外部资源供应商通过合同进行的正式活动，也包含了建设企业内部竞争力的知识的非正式渠道的获取。企业可以通过这些活动促进组织学习，刺激产品创新和组织创新。

3.5.2 咨询企业创新过程的特点

咨询企业创新过程及相关影响因素见表10。

表 10 咨询企业创新过程及相关影响因素

创新的主体——咨询企业

创新的主要类型——知识创新

创新的动力——行业竞争、和主要客户互动

创新的激励因素——员工的高度竞争意识和创新精神、和客户及其他行业竞争对手的密集互动

主要信息源——从完成的咨询项目中获取经验、客户需求

创新障碍——对新知识的吸收和使用

表10总结了咨询企业创新活动的特点，包括创新的主要类型、创新活动的动力、刺激创新活动的因素、主要信息源以及创新障碍。其中，外部活动是创新活动的主要动力，包括对竞争者的模仿、企业间的竞争、和行业的主要客户保持联系以及外部信息源。企业通过外部活动向企业内部不断输入重要信息，包括客户信息、R&D信息等。作为给企业提供智力和决策支持的咨询企业，以知识密集活动的形式为自身组织提供创新渠道。此外，内部竞争力通常

是最重要的信息源。内部知识的重要性通过对影响创新活动的关键因素的集成而表现出来，包括非正式教育、工作培训以及开发新产品等活动。

3.5.3　咨询企业知识密集服务的知识来源管理

知识密集型服务的关键特征在于知识是服务的重要"输入"，知识在服务过程中发挥主导作用，服务所用的知识密度很高甚至含有一定的创新性，并且通常情况下输出的知识内容是嵌入在其他服务活动或服务成果之中的。按照这种解释，知识密集型服务就涵盖了现代服务业中的很多门类，如信息服务、管理咨询、研发服务、法律服务、市场服务、技术性服务、劳动就业服务等。

3.5.3.1　知识来源

咨询企业自身作为知识密集型服务业，其知识密集服务来源是其自身进行的知识密集服务活动。我们关注的对象是咨询企业在其创新活动中使用哪些类型的知识密集服务。咨询企业的知识密集服务主要在组织内部和员工的个人网络中进行，其员工通过网络、会议以及同其他公司和组织的员工进行交流获得信息，属于非贸易类型的知识交换。

咨询企业的知识创新一般以"非购买"的形式嵌入在企业与客户的长期合作关系中。通过建立活跃的外部关系网络，帮助咨询企业评估市场趋势和新技术。咨询企业员工通常把与同事、学习伙伴以及科研机构专家的非正式联系当作知识来源。这种非正式的关系网包括价值链上的所有对象，如咨询企业、客户、研究机构。此外，主要客户为咨询企业提供知识创新的重要信号和信息。外部环境也为咨询企业进行知识创新提供了重要信息资源。咨询企业的区域集群包含了大量的信息和知识，企业通过当地产业集群的分支论坛、会议来收集信息和想法。

3.5.3.2　知识来源管理

咨询企业的知识创新往往通过组织（组织内部或组织外部）与员工（组

织内部员工或组织外部员工)、组织与组织(包括组织内部和组织外部)、员工与员工(组织内部员工和组织外部员工)间的网络、会议、谈话等非正式的知识流渠道获得,基于此,咨询企业员工通常把与同事、学习伙伴以及科研机构专家的非正式联系当作知识来源。咨询企业知识密集型服务的知识来源具有"非购买"的特点,对于此类知识源的管理应该具备相应的方法手段。

首先,应保证咨询企业非正式知识交流渠道的畅通,适时考虑制定岗位轮换制度,鼓励员工共享个人知识,并加强与以知识创造和知识利用为基本特征的其他企业、机构或科研院校(所)间的交流合作。其次,要督导企业员工养成及时记录重要信息的良好习惯,因为通过非正式渠道或者通过非购买形式获得的知识信息,其形式往往是以信息片段、知识点等非系统化状态存在的,具有稍纵即逝的特点,所以要在第一时间内将其记录存储下来。至于如何区别重要和非重要知识信息的能力,则是建立在企业员工自身知识和经验的逐渐积累之上。最后,咨询企业的高级知识管理人员或知识分析人员(包括外聘的专家、教授、资深行业从业者等),要定期收集汇总企业人员在通过非正式渠道所获得并记载下的信息片段,并通过绘制或利用已有的知识地图,将这些琐碎的知识点、信息片段纳入扩充到知识地图当中,通过知识积累使原本零散琐碎的信息片段、知识点逐步连接成为"线"最后到"面",抑或利用已经比较完善的企业知识地图或是知识仓库,对这些点状片段信息知识内容直接进行"线面"扩展连接,找出蕴含这些零散信息内容的完整的知识体系,并予以利用。

3.5.3.3 知识密集型服务活动对咨询企业创新能力建设的影响

进行知识密集型服务活动(KISA)的目的是为了弥补知识密集型服务业(KIBS)的不足,彻底揭开企业创新过程的本质。而咨询企业本身作为典型的知识密集型服务行业,唯有通过各种知识密集型服务活动,才能推动自身创新能力的建设。总的说来,知识密集型服务活动对咨询企业创新能力建设的影响主要包括:

（1）直接影响企业的创新活动。通过扩大咨询企业的内外部知识源，转变了企业的创新视角。其作用表现为，使咨询企业进一步注重企业内部组织学习的重要性以及和客户企业互动，共同创新。此外，知识密集型服务活动视角不仅能提高咨询企业的创新意识，扩大其创新来源，更能直接参与企业的创新过程，使咨询企业通过与研究机构、政府等进行合作创新。

（2）知识密集型服务活动直接提高企业的学习能力和创新能力。一方面，咨询企业通过参与各种知识密集型服务活动，将各种内外部知识资源吸收并转化为企业内部可以识别和应用的知识，从而提高企业的学习能力；另一方面，企业在知识密集型服务活动视角的影响下，注重企业综合型知识库的建设，及时转移和整合新获取的知识，从而提高企业的创新能力。

对于咨询企业的知识密集型活动的分析可得出三个主要结论。首先，企业内部的知识来源对企业知识创新具有重要作用。这种学习通常以工作培训的形式进行。咨询企业以项目到项目的形式进行学习，这种形式的学习包括了更多的编码知识。其次，知识的交换形式不以贸易形式进行。企业通过价值链上的众多对象进行集体学习获取知识资源。对于咨询企业，客户是其主要知识资源，知识溢出是其进行知识创新的主要形式。最后，研究表明，咨询企业通过知识密集型服务活动进行创新能力的培养。知识密集型服务活动为我们研究企业的创新活动提供了新的视角，它强调在新知识的共同生产中，不同知识来源以及混合异质信息和知识的重要性。知识密集型活动关注了注入创新过程的"无形资产"，强调了知识交换中的非贸易形式，认为这种形式是企业知识创新的重要输入。

3.5.4 咨询企业知识服务创新过程的知识管理优化指标假设

著者基于中小型管理咨询企业知识服务创新的具体实现过程，并结合知识密集型服务的特点，分别提出了以下和知识管理活动相关的假设指标，它们是：

H1：企业具备利用知识发展新产品（服务）的基本能力。

H2：企业能从以前的项目汲取经验并将其应用到新的项目中。

H3：企业积极应用已有的知识创造新知识。

H4：企业通过招聘新的员工获取新的知识。

H5：企业善于从错误或过去的经验中学习新的知识。

H6：企业能够有效应用知识解决新问题。

小结： 在这一部分，著者依据知识产生过程中知识元素的自身属性特征以及知识流动过程中知识因素所要遵守的自然规律，阐明了中小型管理咨询企业的知识管理特征以及不同知识运动阶段的知识流程当中所包含的具体知识管理活动。解释说明了发生于咨询公司知识服务过程中的知识转移和知识创新现象，并进一步分析了影响咨询公司、企业知识转移和知识创新效用的因素及其相互关系。

第4章 基于中小型管理咨询企业组织整合层面的知识管理优化

在中小型管理咨询企业力图提高自身整体知识管理水平、完善企业知识管理系统时，除了考虑基于知识生产和知识运动过程的特点、性质对知识管理过程实施优化外，还应该充分考虑到基于组织整合层面的知识管理优化过程及手段。如果仅考虑知识在其自身的生产过程中所具备的属性特征及知识运动的内在规律，咨询企业不可能将知识管理活动的效率最大化。

企业管理实践表明，企业的组织结构、制度、文化都可以影响企业的管理效率和管理成本，虽然目标指向企业自身的组织整合管理往往并不直接作用于对知识的管理，但是它却可以潜移默化地影响到知识管理工作，如可以为知识管理提供必要的设施保障、知识文化氛围、个人知识的共享激励制度等。所以只有结合企业的知识生产、知识运动过程和企业自身的组织构成，整合两方面当中的知识管理要素、流程特征、影响因素、知识维度等重要相关因子，才可以实现中小咨询企业对于企业自身知识管理的最大优化。著者分别从中小咨询企业的基础设施建设层面、项目业务流程层面、人力资源建设层面、企业文化层面，系统说明论述中小咨询企业组织整合方面的知识管理活动，并进一步提出针对企业组织整合的知识管理优化方法与手段。

我国中小型咨询企业的知识管理优化研究

4.1 基础设施建设层面的知识管理优化

相对完善的基础设施建设是保障中小咨询企业进行高效系统知识管理与运作的前提条件和基础平台，某种意义上讲企业的基础设施建设是企业存在的基本前提。咨询企业基础设施层面的知识管理优化可分别从信息技术层面、组织结构层面以及组织制度层面三方面着手开展。

4.1.1 信息技术层面

咨询企业在实现信息化进行信息管理与知识管理时首先要构筑信息基础设施❶。

4.1.1.1 咨询企业信息基础建设的内容

咨询企业完整的信息基础设施应包括：（1）信息网络，包括企业内部与外部四通八达的信息交换网络平台，可以传递数据、语言、图像和视频信息；（2）信息装备，包括电脑硬件、软件和终端设备；（3）应用信息系统，即为企业生产、经营等管理服务的各类应用系统，其中已嵌入有关的工作流程、操作规程以及相应的法规和制度等；（4）信息资源，即存储在各种媒体中的正式与非正式信息；（5）人员，即与信息系统有关的人员，既包括从事信息系统运用、提供信息技术服务的人员，又包括使用信息系统来进行或协助自己业务活动的广大业务人员。

4.1.1.2 咨询企业信息技术层面的知识管理优化评估假设

中小型管理咨询企业的管理人员要有这样的认识，即企业信息基础设施建

---

❶ 王众托. 知识系统工程［M］. 北京：科学出版社，2004.

94

设可以影响企业对于知识的管理水平和运用情况，而知识管理理念又可以反作用于企业信息基础建设的水平。中小咨询企业在建设信息基础设施的过程中，要充分考虑到信息技术的使用和知识管理优化二者相辅相成的特点，至少应达到如下标准(亦是著者所提出的有关中小型管理咨询企业在信息技术层面的知识管理优化评估假设)：

H1：员工可以通过使用信息技术获得关于产品及生产（业务）过程的相关知识。

H2：企业员工可以使用信息技术存放各种类型的知识。

H3：通过使用信息技术，员工可以相互合作。

H4：员工可以方便地通过信息技术获得工作所需要的信息和知识。

H5：企业重视信息系统的建设，促进知识的获取、传播、应用和保护。

H6：不同部门和地方的员工可以通过网络方便地交流信息和知识。

4.1.2　组织结构层面

企业组织结构是指企业的内部各构成要素的联系方式或形式❶。很多专家学者都曾以企业组织结构类型与企业知识运用能力之间的关系为对象，进行过比较深入的调查研究。

4.1.2.1　企业的组织结构与知识的传递和利用

Lane 与 Lubatkin（1998）提出相对吸收能力的概念，认为两企业的组织结构相似性影响组织间学习，进而影响企业创新。Van den Bosch 等（1999）提出了影响企业吸收能力的两个直接因素：一个是组织形式，一个是整合能力，他们还将组织形式区分为职能式、事业部式及矩阵式。

信息或知识传递成本对于组织结构形式的影响见表 11。

---

❶　王跃生，王蕴. 国际企业制度创新［M］. 北京：北京大学出版社，2007.

表 11　信息或知识传递成本对于组织结构形式的影响

代理成本	信息或知识传递的成本	
	高	低
高	（Ⅰ）市场组织结构形式 （Market Structrue）	（Ⅱ）扁平型组织结构形式 （Flat Structure）
低	（Ⅲ）高型组织结构形式 （Tall Structure）	（Ⅳ）蜂群式组织结构形式 （Swarm Structure）

胡士强、彭纪生、周路路对企业组织结构、权力结构及其对技术创新的影响等方面的文献进行了回顾梳理，在此基础上提出了几个推论，见表12❶。

表 12　企业组织结构、权力结构对技术创新的影响（著者整理）

（1）传统组织结构产生企业内部集权，企业内部的集权对技术应用具有正效应，但随着企业发展效应递减
（2）企业内部的集权对内部技术转移具有正效应，但随着企业发展效应递减
（3）企业内部的集权对外部技术转移具有负效应
（4）企业内部集权对技术创新具有负效应
（5）企业传统组织结构的柔性化变革会带来企业内部的分权，分权对外部技术转移有正效应，且随企业发展效应增强
（6）企业内部的分权对技术创新具有正效应

4.1.2.2　咨询企业组织结构层面的知识管理优化评估假设

中小咨询企业应根据自身发展建设需要和出于变通知识获取及知识流通、共享、利用等目的，必要时可以进行组织结构调整。由于常态下的中小型管理咨询企业，几乎都采用项目型组织结构进行知识产品的生产经营活动，所以加强项目管理中的知识管理是中小型管理咨询企业优化自身知识管理系统的重要举措。

---

❶　胡士强，彭纪生，周路路. 企业组织结构、权力结构及其对技术创新影响机制——一个整合框架［J］. 科学管理研究，2009，08（27－04）：1－5.

中小型管理咨询企业的知识管理工作主管人员要有敏锐的洞察力，时时监督查找是否有因为不恰当的组织结构因素而导致的知识获取困难、信息交流不畅等有碍企业进行知识管理现象的存在。著者针对中小型管理咨询企业组织结构层面的知识管理优化提出了如下假设：

H1：公司组织结构阻碍了不同部门间员工的知识交流和共享。

H2：公司鼓励员工不考虑组织结构层级可到任何部门获得所需知识。

H3：公司的组织结构体系鼓励集体合作胜于个别行为。

H4：公司组织结构有利于技术、规则、方案等新知识的产生。

4.1.3　组织制度层面

制度规范方面的建设也是中小型管理咨询企业基础设施建设的一项重要内容，只有建立起权威的、能够在企业内部普遍实施的企业制度、规定、章程等具有约束和指导意义的条款或精神，才可以有效保证公司企业维持较高的工作效率。

4.1.3.1　企业组织制度

企业制度是一种企业财产的组织形式，决定着企业的资产运营和经营机制。简言之，企业制度就是关于企业组织、运营和管理等一系列行为的规范和制度。企业组织制度是企业制度体系中的主要内容之一，企业组织制度规定着企业内部的分工协调、权责分配的关系❶。

企业组织制度是企业组织中全体成员必须遵守的行为准则，它包括企业组织机构的各种章程、条例、守则、规程、程序、办法、标准等。现代企业组织制度是指企业组织的基本规范，它规定企业的组织指挥系统，明确了人与人之间的分工和协调关系，并规定各部门及其成员的职权和职责❷。

---

❶　冯涛，姜铭凤. 企业组织制度的公正探求［J］. 内蒙古农业大学学报（社会科学版），2007（6）.

❷　http：//baike. baidu. com/view/4711832. htm#1［DB/OL］. 2011 - 2 - 19.

4.1.3.2 咨询企业组织制度层面的知识管理优化评估假设

中小咨询企业的知识管理活动和企业组织制度的指导精神休戚相关，可以说不同的企业组织制度下的知识管理活动有着不同的活跃度。中小型管理咨询企业的管理者或是管理团队，在制定企业组织制度时，应当充分考虑到制度对知识管理活动的影响因素。

著者基于中小型管理咨询企业组织制度方面提出的有关知识管理优化的假设指标如下：

H1：公司明文规定了哪些知识的获取是被限制的。

H2：公司使用权限管理等技术来限制某些核心知识的存取。

H3：公司有保护其知识免遭窃取的措施。

H4：公司有保护其知识免遭内外部不适当使用的措施，如有信息核对、二次校对等工作程序。

H5：公司有严密的政策与程序来保护商业机密。

4.2 项目服务流程层面的知识管理优化

4.2.1 项目管理中的知识管理

项目管理是指在项目实施前、开展时、结项评估中，运用行之有效的理论、方法、技术和工具来计划、组织、指挥、控制和协调项目生命中各阶段的工作，以达到预定要求的过程和活动。项目管理作为一种科学的管理方式正日益受到企业的重视，因为大量的工程建设、企业的研发工作和社会事业都在逐渐按照项目管理的方式加以组织管理。即使是企业内部的日常管理工作，由于环境的急剧变化也时常无法按照常规方法进行，而往往也会按照项目管理的方式对其进行组织、运作。

4.2.1.1 项目涉及的要素

（1）资源。这是开展项目的基本保证。包括自然资源与人工资源、内部资源与外部资源、有形资源与无形资源。由于项目的一次性特点，对于资源的获取、使用和管理与一般生产有很多不同的地方。知识作为一种无形资源，在项目管理中起主导作用。

（2）需求和目标。由于项目的利益攸关方（包括咨询企业、咨询客户、供应商、投资方及其他利益相关者）对项目有不同的要求，所以需要加以多方协调，确定恰当的项目完成目标。

（3）项目的组织。包括机构、领导、章程、人员配备和运行机制等。由于项目的一次性与阶段性特点，组织总是在不断变化的。

（4）项目环境。包括政治和经济环境，文化和思想意识以及标准和规章制度等。

4.2.1.2 项目管理的特点

所谓项目，一般来说就是一项有特定指标的专门任务，需要在一定的资源条件下，由特定的组织在规定或计划的时间内一次性完成。从项目特征入手可以更具体地了解什么是项目。

（1）项目的一次性。这是项目和经常性任务的最大区别。项目有明确的开始时间和完成时间，一次性完成，不会有完全重复性工作。

（2）项目的独特性。每个项目都有与其他项目不同的地方，有些项目可能沿用了过去类似的开发手段、生产流程、设计或技术，但一定会有和不同于其他项目的特殊之处。

（3）项目的多目标性。项目兴办的目标常常不是单一的，它的具体目标属性，如功能、影响、成本和时间等也是多方面的。所有这些目标有时是协调的，而有时是在相互矛盾的状态下需要进行协调的。

（4）项目组织的临时性。通常情况下都是为了项目的开展而专门组织成立项目组，待完成后将其解散，下一个项目时再重新组建。

（5）项目寿命期的分阶段性。从项目的洽谈协商、实施开展到结项评估都是分阶段进行的。

4.2.1.3 项目管理中的知识

美国项目管理协会（PMI）1996 年颁布的项目管理体系大纲划分了 9 个知识领域，而且各个领域都有相应的知识内容。9 个知识领域分别是：项目的整体管理、项目范围管理、项目成本管理、项目质量管理、项目时间管理、项目沟通管理、项目人力资源管理、项目风险管理、项目采购管理。

在我国，优选法统筹法与经济数学研究会项目管理研究委员会发起组织了中国项目管理知识体系的研究制定工作，推出了《中国项目管理知识体系》（C‐PMBOK）❶。在典型的委托咨询项目中，代表咨询企业方的项目咨询专家团队和咨询客户共同合作，为了实现客户预期目标而进行一系列必要的变革活动。从开始到结束，要经过几个基本阶段，在各阶段中，咨询公司与客户通过交流联系，相互配合做到双方在逻辑上和时间上的统一，从而系统、有条理地从一个阶段进入另一个阶段。这个过程就是咨询企业的项目服务流程。

虽然不同的咨询企业有着不同的项目服务流程，每种流程都有存在的合理性，但是不论哪种流程都会有几个关键阶段，且围绕这些关键阶段做微小的调整。大体上有 5 个关键阶段，它们包括项目准备、项目诊断、项目规划、项目实施和项目完成，如图 19 所示。每个阶段又可以划分为若干知识运用（在图 19 中用黑体、斜体标出）和其他子阶段。

---

❶ 中国（双法）项目管理研究委员会. 中国项目管理知识体系（C‐PMBOK 2006）［M］. 修订版. 北京：电子工业出版社，2006.

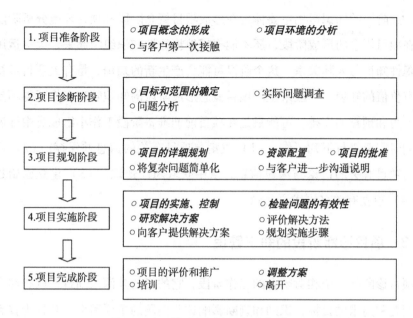

图 19　项目的阶段划分及各阶段的任务

4.2.2　项目准备阶段的知识管理

项目的准备阶段是一个咨询专家和客户的磨合过程，在这个过程中，技术和能力的表现是一个重要方面，但更为重要的可能是双方心理上的准备。这个阶段要注意以下几个问题：

（1）初次见面时要积极地推销自己的服务，为客户树立良好印象；

（2）会面前，咨询专家应该收集一些客户信息，了解客户在行业中的位置和发展情况等；

（3）认真听取客户对自己机构问题和情况的叙述，分析客户的期望预期；

（4）应撰写一份有"说服力"的建议书；

（5）要在联系人和最终客户之间建立和谐的关系；

（6）认真选择咨询的合同形式——口头协议、信函协议或书面合同等。

在此阶段的知识运用主要体现在形成项目概念阶段和项目环境分析阶段。

在项目概念的形成阶段，还不能很好地将显性知识组织起来，大多运用的还是隐性知识与人际关系。这个阶段可能会产生新的知识，是有关项目最初的极为有价值的知识。一般来说，项目概念形成阶段的知识管理工作还得不到正式的人力和预算的安排，可能只是在项目前期准备阶段工作小组成员中开展进行，同时需要进行下列工作：（1）收集与项目有关的信息并保存；（2）记录所有与项目有关的讨论与沟通信息，从中获取隐性知识；（3）建立原始数据库；（4）建立有关名词术语目录。

4.2.3 项目诊断阶段的知识管理

项目诊断是一个相对闭合的工作阶段，它的目的是深入细致地调查客户面临的问题和追求的目标，识别和判断影响这些问题的主要因素，并且为找到解决问题的方法准备必要的信息。此阶段中咨询专家要与客户密切合作，主要完成以下内容：

（1）详细确定该项目要达到的主要目的；

（2）评价客户的主要业绩、现有资源、需求、发展规划和远景；

（3）确定需要解决、变革的问题；

（4）查找组织内部阻碍变革的主要原因；

（5）综合诊断。

4.2.4 项目规划阶段的知识管理

项目规划阶段的关键是找出解决问题的方案，利用各种技术对诊断过程中获得的大量信息进行加工选择，有创造力和想象力地完成以下工作：

（1）提出一个或多个可供选择的方案；

（2）评价备选方案；

（3）制定实施计划；

（4）与客户沟通解决方案和实施已经制定的计划；

（5）正式向客户提交决策。

在这一过程中，一个重要的方面是提出实施变革的战略和战术，特别是要考虑到那些可以预见的人事问题，力求减少变革阻力。

在项目的详细规划、资源配置、项目批准过程中，多半运用的还是显性知识，例如在知识管理系统的使用中需要操作相应的软件，但仍需要吸收和利用隐性知识，如专家联系方式表等。

4.2.5 项目实施阶段的知识管理

项目实施阶段是对咨询公司（专家、顾问）提出的方案进行针对性和可行性严峻考验的阶段。在此阶段，不切合实际的设想和规划可能暴露，意料之外的问题和阻碍可能出现，对变革的抵触情绪可能与项目诊断和项目规划阶段表现的完全不同。在这种情况下，要对原有的规划方案进行调整（如图 20），因此在这个阶段，咨询公司（专家、顾问）对项目实施阶段的监控和管理是非常重要的。

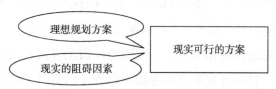

图 20 项目实施阶段中的方案调整

项目的实施及控制过程阶段的知识管理任务，一方面要及时提供项目所需知识，另一方面要收集、记录项目进行中产生的知识并及时更新知识管理系统，特别是需要把显性知识与隐性知识进行有机的合成。任何相关的会议、文件、问卷、报道常常能提供有用的知识，应该不失时机地把它们收集起来，否则错过记录的第一时间，这些宝贵的知识财富就会流失掉。统计、评价和方案选择等决策在这个阶段也是非常有用的。

4.2.6 项目完成阶段的知识管理

项目完成包括项目最后阶段的一系列活动，主要指客户和咨询企业一起，对咨询专家的技能、方法、结论进行评估，对最终报告进行审议，如果双方同意项目结束，那么双方的义务将终止，由咨询企业派出的咨询专家小组即从客户组织中撤出。

从上述各项目流程阶段的知识管理特点中，可以总结得出咨询企业在围绕项目进行知识管理的过程当中，不仅要利用到已掌握的知识，而且在解决新研究课题时还要学会创造新的知识。特别是由于项目的一次性和独特性特点，每个项目的进行过程中，总会有一些新知识的产生。由于项目一次性特点，项目结束后咨询专家顾问小组随之解散以及人员变动原因，都会使这些宝贵知识变得很不稳定，大多具有稍纵即逝的特点，所以要特别注重对于此类知识的收集。同样，在咨询项目的知识管理过程中，往往需要进行一系列的决策，这些决策涉及的内容范围很可能相同，但只要无需按规定的例行程序进行处理，每次都会面对不同的新形势，都可以认为带有不同程度的创新，但前提是需要将显性知识与隐性知识融合起来，并在决策过程中捕获知识。

总之，不论是组织还是个人，不要因为咨询项目的一次性特点而忽视了知识的积累效应。这种知识积累一方面表现为文档资料的收集整理，另一方面则可以表现为人员或组织的隐性知识（经验、判断力、直觉等）的增长。这种增长是循序渐进的，如果中小型管理咨询企业的知识管理人员自觉地去总结和提取项目结束后留下的知识精华，那么将为企业的自身发展提供很大的帮助。

4.2.7 咨询企业项目服务流程层面的知识管理优化评估假设

著者基于中小型管理咨询企业项目服务流程层面，将知识管理优化评估假设分为业务执行能力范畴和项目推进能力范畴两部分来进行设定。具体建立的评估假设如下，其中H1～H5属于业务执行能力范畴；H6～H10属于项目推进能力范畴。

H1：企业具有将竞争情报转化为行动计划的执行程序流程。

H2：企业拥有与客户进行项目洽谈协商的知识储备。

H3：企业对客户的响应时间短。

H4：企业按照承诺的时间提供产品/服务。

H5：企业为客户提供专业、针对性的产品/服务。

H6：企业能够迅速地组织起由专家、教授、资深行业从业者构成的项目咨询顾问团队。

H7：企业能够利用以往的知识经验迅速完成新项目的准备工作。

H8：企业可以迅速并准确地查找得出客户企业在生产经营中存在的问题及潜在威胁。

H9：企业具备保证项目实施阶段中持续的知识供给能力，能够及时发现问题并能做出科学合理的调整。

H10：企业可以在项目结束后进行售后跟踪调查，掌握客户对所购知识产品的利用情况。

4.3　人力资源建设层面的知识管理优化

当今社会强调"以人为本"的管理理念。正如海尔总裁张瑞敏认为："人才，是企业竞争的根本优势。人可以认识物、创造物，只要为他创造了条件，他就能适应变化，保持进步，成为取之不尽、用之不竭的资源。"❶ 当今社会，人才早已成为企业竞相争夺的对象。究其根源，凝结在人才身上的知识和能力才是各企业争夺的真正焦点。只有企业员工运用自身经验、知识、能力，充分

---

❶ 颜建军，胡泳. 海尔中国造 ［M］. 海口：海南出版社，三环出版社，2001.

利用企业的市场资产、知识产权资产和基础结构资产，才能真正实现知识资本运营，从而使知识资本不断增值。对于刚刚组建或成立不久的中小型管理咨询企业而言，人才的引进和培养关乎企业未来的发展走势。由于隐性知识通常是存在于个体员工身上，而企业知识管理活动中的一项重要内容就是将隐性知识显性化，因此可以将咨询企业的知识管理优化过程提升至企业人力资源建设的层面上来。咨询企业人力资源建设在某种意义上可视为是企业进行知识管理优化活动的一项重要内容。

4.3.1　人才的引进

企业员工引进是根据企业的经营战略和发展规划的要求，根据企业的人事政策把优秀的、合格的人才招进企业，并把合适的人安排到合适的岗位的全过程。咨询企业的人才引进是一项复杂的工作，引进工作做得好，可以确保进入企业人员的质量；引进失误，往往会使劳动力不稳定，影响企业内部管理的计划性和人力资源投入的效益。

在引进吸纳人才时，咨询企业的人事主管要充分考虑到应聘人员的基础教育情况、专业教育及专业资格认定情况、掌握与实际工作密切相关的知识情况、实际工作能力以及个人性格和心理素质等。企业人才招聘通常要经历以下程序：

1. 引进决策

引进人才必须根据企业的最高领导层的引进决策进行，引进决策包括什么岗位需要招聘，引进多少人以及每个岗位的具体要求，何时招聘，委托哪个或哪几个部门进行针对引进人才的测试，新引进的员工何时应该到岗等决定。

2. 发布招聘引进人才信息

要及时地向可能应聘的人员传送企业用人信息。要做到覆盖面广，使接受信息的人尽量的多；向特定的人群发布信息；要选择合适的发布渠道。

3. 用人测试

企业的招聘部门运用各种科学方法和经验方法对应聘者进行客观鉴定，在众多的岗位应征申请者中挑选出综合素质最高的员工。

4. 录用决策

录用决策是引进新员工的最后一个环节，也是非常重要的一个环节。无论前面的工作做得多么到位、正确，录用决策一旦出了问题，企业依然无法引进理想的职员。为了保证录用环节的科学性，可以分为两种情况：一是经过测试后，最终合格人选少于所要引进人员的数量时，应坚持宁缺毋滥的原则，以免工作受影响。二是经过测试后，最终合格人数多于所需要的人数时，要考虑到：（1）重工作能力。在其他条件相同时，工作能力强者优先。（2）优先工作动机。在工作能力基本相同的情况下，希望获得该岗位动机强的优先。因为动机强者可能比动机不强者的工作积极性和工作效率要高。（3）谨慎录用超过任职资格条件过高的人，避免此类应聘者日后"跳槽"，使工作受损。（4）如果考虑了上述几点后，仍无法确定人选时，可以再进行一次测试，并加大测试差别，增强用人决策信心。

4.3.2　企业人员的培训和开发

现代科学技术日新月异，企业要不断适应新形势、新环境下的各种要求，企业员工需要对自有知识进行不断地更新换代以满足企业发展的需要，这就要求企业必须十分重视人力资源的培训和开发，始终保持人力资源优势。中小型管理咨询企业要不断加强自身人才队伍的建设，对于人力资源的培训、开发是其一项根本的战略任务。

中小型管理咨询企业在人力资源的培训、开发之前，要对企业自身的人力资源建设现状进行初步分析，可以从以下几方面进行：

1. 分析员工队伍素质状况

其中包括：（1）员工构成分析。其统计分析内容可参考表 13。（2）员工教育水平分析。通过员工教育水平分析，可反映员工所掌握知识的总体水平情况，制定评价员工科学文化素质与企业发展对人才基本要求适应程度的统计图表。（3）工人技术素质分析。根据企业现实需要，规定技术等级数目和有关技术等级的评定标准要求，进行统计分析，从而反映工人的熟练程度。

表13　咨询企业的人力资源建设现状统计表

	合计	高级项目经理	项目经理	助理	工程技术人员	服务人员	其他人员
人数							
%							

项目	人数	受教育程度				
		博士	硕士	本科	高中	初中
高级项目经理	人数					
	%					
项目经理	人数					
	%					
助理	人数					
	%					
工程技术人员	人数					
	%					
服务人员	人数					
	%					
其他人员	人数					
	%					
合计	人数					
	%					

2. 分析人力资源培训和开发的对象

咨询企业人力资源的培训是指经过一切有计划、有组织的努力，使咨询企业的基层人员和刚进入企业的员工，快速融进企业自身的文化当中，树立符合咨询企业文化的价值观、工作态度和工作行为，以满足企业的需求。咨询企业人力资源的开发是指对企业中的项目管理人员或工程技术人员等专业人员的知识再塑造和再提高，或出于对专业人员自身知识的更新而进行的有计划、有组织的一切教育培训活动。咨询企业在人力资源建设时，要明确企业自身的人力资源培训和开发是否能做到在以企业全体员工为对象的基础之上，分别根据不同的对象群体组织安排培训、开发等相关工作。

3. 分析人力资源培训和开发的方法

企业组织员工培训、开发的方法很多，如针对新员工的迎新培训；由组织指派一位技术知识和实践经验丰富、行为道德优良的员工负责一对一或一对多个新员工（技术水平相对较低的员工）的，在技术和经验上进行指导的"师徒关系"培训；不离开工作岗位的，利用业余时间或一部分工作时间的在职培训；或一定时期内离开工作岗位的脱产培训等。

4. 分析人力资源培训和开发计划的编制与执行情况

咨询企业的管理层要明确人力资源培训和开发计划，是否科学地建立在对本企业中短期内发展规模的有效控制内；是否建立在对中短期内对各类人才的需求预测的基础之上；是否建立在对职员素质，包括政治思想、行为表现、文化修养等基本素养的普遍了解之上；以及是否清楚地了解员工对培训效果要求的基础之上。计划的安排要和企业所能提供的条件，包括师资、管理人员、场地、教材、设备等相匹配。

除了 4.3.1 节和 4.3.2 节中所提到的中小型管理咨询企业的人员引进方法，和对企业自身员工的培训和开发等有关咨询企业在人力资源建设并统筹企业知识管理优化时的相关方法、程序、措施之外，中小咨询企业还应逐步建立起人才激励制度。对于那些在企业业务拓展方面有突出成就的人员，在项目实施过程中发现存在重大隐患并及时调整计划方案挽回客户损失的项目顾问专家或管理人员，在项目结束后获得客户一致好评，给客户带来比从前更好经济效益的项目咨询顾问或团队成员，都要给予物质上和精神上的鼓励，如追加奖金或者提拔晋升。

另外，中小型管理咨询企业在人力资源建设时，还应该加强对不同领域精英、各行业的专家、知名学者、精通某项技能的资深从业者的个人资料建设，包括他们的年龄、性别、所属行业、精通领域以及曾经在哪些公司单位就职等信息内容，逐渐建立起可供企业知识管理人员随时查找急需专项人才的人才知识储备库。

4.3.3 咨询企业人力资源建设层面的知识管理优化评估假设

人力资源建设是维持和提高咨询企业市场竞争力的重要保障，从某种意义上讲，人力资源的建设其实就是一种"含蓄"的知识资源建设，企业可以从完善有效的人力资源建设中汲取源源不断的数据、信息及知识。著者就中小型管理咨询企业在人力资源建设层面的知识管理优化问题，提出了以下几方面评估假设指标：

H1：企业注重人才招聘，具备完整的人才引进、考核系统以及专项知识人才信息库。

H2：企业有着完善的人才晋升选拔制度。

H3：企业对在职人员的培训、学习开发非常重视。

H4：经培训后，企业员工所提项目改进方案数量及被公司采纳的建议数量正在逐步增加。

H5：企业为不同教育程度、专业素养的员工编制不同的培训计划和课程项目。

4.4 企业文化层面的知识管理优化

人是企业中最大的资源，而管理企业的有效途径是通过文化的暗示微妙地进行的。美国著名管理学家彼得·德鲁克曾经指出：管理以文化为基础。企业文化是在一定的社会大背景环境的影响下，经过企业家的长期倡导和企业员工的积极实践所形成的企业整体价值观念、信仰、道德规范、工作态度、行为准绳及传统和习惯的综合。企业文化的核心部分在企业当中一般以"企业精神""企业宗旨""企业哲学"等形式，用几句富有哲理性、象征性和感召力的语言进行高度概括。企业文化作为一种管理方式，它是企业管理的高层次追求，是成功企业管理的共同特征，也是企业管理理论和实践发展的必然趋势❶。

在一个优良的企业文化氛围下，企业可以拥有一个有利于开展知识管理活动的空间环境，知识管理工作的成效可以事半功倍，这因为企业文化不仅强化了传统意义上所指管理的一些功能，而且还具备了一些传统管理理念不能实现的功能。这些功能主要体现在：

（1）企业文化可以凝聚企业和个人的共同追求。

（2）企业价值观对于企业主体，即企业领导者和企业员工的引导功能。

（3）企业文化最大限度地激励企业职工的工作积极性和首创精神。

（4）企业文化把以尊重个人情感为基础的无形的外部控制和以群体目标为己任的内在自我控制有机融合，形成外部约束与自我约束的功能。

（5）企业文化使得企业员工趋于拥有共同的价值观念，促使广大职工对众多问题有着趋同的认识和观念。企业文化具有协调员工认识、统一员工思想的功能。

（6）优良的企业文化可以为员工提供良好的学习、实践环境和工作条件，具有提高人员素质的功能。

（7）优良的企业文化是企业的一项巨大的无形资产，能够为企业创造高美誉度和高知名度，具有塑造企业形象的功能。

"同心"型包含理论是比较典型的企业文化构成理论，这种说法将企业文化的构成分为三个层面（亦有分为四个层面），如图 21 所示。

（1）精神文化层。

企业精神文化的构成包括企业核心价值观、企业精神、企业使命、企业伦理、企业哲学、企业道德等。

图 21　企业文化的构成

❶ 中国企业联合会咨询服务中心，中国企业联合会管理咨询委员会. 企业管理咨询理论与方法新论 [M]. 北京：企业管理出版社，1999：507.

（2）制度文化层。

制度文化包括企业的各种规章制度以及这些规章制度所遵循的理念：通常包括企业营销理念、生产理念、人力资源理念等。

（3）物质文化层。

企业的物质文化通常包括企业标识、产品包装设计、产品造型设计、企业文化书籍、企业 BBS 与局域网络设计、企业画册及企业内部简报等。

在这个组成结构中，精神文化是企业文化的核心。而核心价值观又是企业文化的基础。企业的价值观是一个体系，核心价值观则是对企业在这个体系中需要突出的关键理念的提炼。

咨询企业是否具备良好的企业文化价值观体系，可以通过考量企业文化的三大主要价值观体系进行分析判断，这三大企业价值观体系分别是：管理性价值理念（图 22）；经营性价值理念（图 23）；体制性价值理念（图 24）。

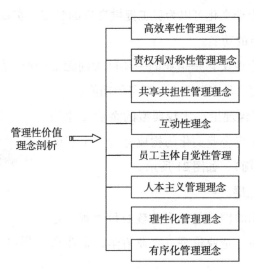

图 22　管理性的企业价值理念

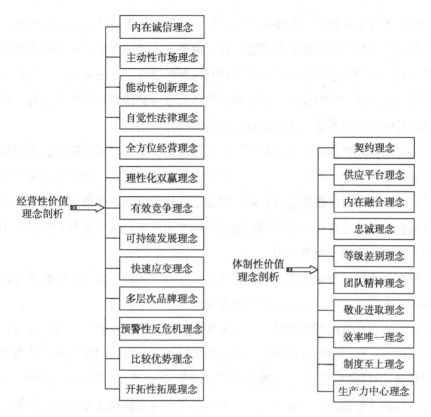

图 23　经营性的企业价值理念　　　图 24　体制性的企业价值理念

　　以上对于各企业价值理念的剖析，可以看作是诊断咨询企业的企业文化发展水平的具体衡量指标。由于企业文化囊括的理论、功能、概念、结构等内容十分丰富，这里不再一一详述。著者所要揭示论证的重点在于企业文化层面上的、有关中小型管理咨询企业知识管理优化的相关内容，主要从咨询企业的知识共享、知识创新、知识保护、社会公共关系等方面进行着重说明。

4.4.1　知识共享的企业愿景

　　知识共享与转移（主要是最佳实践转移），两者的含义很相似，在许多议题与思考上经常被互用。但相比而言，前者属于没有特定对象的自由交流共

113

享，而后者属于有目的、有特定对象、较正式的在组织主导下的知识转移。

对于中小型管理咨询企业而言，在企业员工内部确立知识共享的企业愿景十分必要。知识共享其实是企业员工相互沟通的过程，是企业内知识所有者与他人分享自己所掌握的知识，是知识从个体拥有向群体拥有的转变过程。知识共享的目的是知识创造，从而实现企业内部的知识增值。

中小型管理咨询企业树立推进知识共享的企业文化，可以提升企业的知识价值和知识创造力，企业员工、企业内外部咨询项目团队、企业内部及外部组织之间，彼此可通过各类交流方式、渠道进行知识交换、交流与讨论，由此以来可以扩大并优化企业对知识的利用范围和使用效率，从而有利于提高中小型管理咨询企业的核心竞争能力。

依据企业的正规化程度和咨询企业员工互动方式的不同，知识共享可以分为两种基本模式，即正式知识共享和非正式知识共享。

正式知识共享的基本特征是：主要依赖于正式的企业制度，有着较为固定的共享内容、程序或形式的约定。企业职工的正式交往、制度化的文档整理与知识传播、将知识贡献于企业数据库等是咨询企业正式知识共享的主要途径。在此种知识共享模式下，企业的正式知识运作和横向协调成为知识共享的主要载体，知识被有目地、有计划地获取并通过正式传输机制进行传播转移。

相对于咨询企业的正式知识共享机制，依赖于企业员工个体社会关系而非制度获取知识，则是非正式知识共享的基本特征。非正式知识共享独立于组织结构、政策和正式协作之外，体现了个人间基于私人关系的一种知识援助，具有典型的随机性特征。因此，企业各部门及员工之间的非正式交往，如网络论坛、群空间、博客、出游等非正式交流则是非正式知识共享的主要途径。知识在这个过程中以共享价值观的形式通过非正式网络以及人际等载体被有意或无意地转移传播。

在有一定市场基础和资金保证的中型咨询企业内部，组建"知识社区"是实现企业内部及个人之间知识交流的有效途径。"知识社区"是指由一些具有共同兴趣、来自相同或不同团体的人们，由于互动的需求所形成的群体。企业中的"知识社区"主要有如下两种形式：

（1）实体知识社区。

实体知识社区是企业根据自身核心竞争力的定位来设计和组建的。根据企业自我发展目标，将具有各种知识的专业技术人员组织起来，进行定期或不定期的交流互动活动，如调查研究、讲座、论坛、报告会以及开展知识评价等，使参与者能够从不同的知识结构和知识领域获取灵感和启发。

（2）虚拟知识社区。

虚拟知识社区是利用网络系统在企业的知识管理平台上开展一系列的信息知识交流活动。由于没有明确的主题内容设置，因此往往可以收集到一些企业领导者没有想到的知识，而且也适于企业全体员工的参与，所涉及的范围更加广泛。但是在虚拟知识社区内交流的知识信息内容往往具有稍纵即逝的特点，而且具有较强的无序性，所以如果企业想要从虚拟知识社区中提取有利于支持企业发展的重要知识内容，则要求企业知识管理人员定期跟踪虚拟知识社区的交流信息内容，及时通过信息技术对其进行记录和分类加载，从而方便日后的查询检索和知识库的建立。

4.4.2　知识创新的企业价值观

咨询企业的领导者或高级管理者在建设企业文化时，应着重推广崇尚知识创新的企业价值观。美国马萨诸塞州著名的恩图维国际咨询公司总裁、著名战略研究专家戴布拉·艾米顿（Debra M. Amidon）最早提出了知识创新的概念，他将知识创新定义为"为了企业的成功、国家经济的活力和社会进步，创造、演化、交换和应用新思想，使其转变成市场化的商品和服务的活动"❶。

咨询企业的知识创新是一个系统化的行为，企业知识创新过程中，企业知识存量是其创新的前提条件，企业知识越丰富、越专业，微观内部环境和宏观外部环境越适宜，企业的知识创新能力才会越高，其知识创新活动所带来的收

---

❶　王众托，吴江宁，郭崇慧. 信息与知识管理［M］. 北京：电子工业出版社，2010：267.

益就越高。企业获得知识创新的收益一方面能够提升自身的市场竞争能力，另一方面又使企业内外部环境进一步整合优化。这样提升后的企业竞争优势和优化了的内外部环境，又会进一步反作用于企业提高知识创新的能力，从而使得企业获得更高的经营收益和确立一个良性的知识创新循环过程。

知识创新的动力既来源于企业的内在能动性，又来源于企业外部的创新保障环境。企业自身内部能动性包括企业的创新文化理念、企业利益驱动、企业知识远景规划、组织管理、人力资源、财力支持以及企业家精神等；企业外部的创新保障主要包括科技发展水平、政府指导意见和法律制度、市场总体运行经济环境、市场需求、社会文化、相邻产业政策、教育发展和人才培养等方面。

4.4.3 知识产权保护的企业意识

咨询企业在倡导推进企业员工和组织之间实施知识共享的企业文化思想的同时，还应该培养并强化对于企业知识产权保护的企业文化意识。对于咨询企业而言，知识产权包含两层含义：一是有了知识产权意味着企业有了参与市场竞争的权利和资本；二是拥有知识产权意味着企业无形资产的增加，进而可以通过知识租赁或知识转移指导获取效益。

由于知识一旦被载体化呈现后，知识的复制成本便会大幅降低，从而会增加企业的知识外漏风险，并对企业的盈利能力造成严重的威胁。基于此，在技术还未成型的研发阶段，不仅要强调技术创新的速度，紧随市场脚步，而且必须树立企业职工的保密意识，限制接触核心知识情报的人数，加强重要咨询项目的数据文件和结论的管理控制，规定保密人员的权责，必要时签订保密合同。对于企业的核心知识，为了保持企业的竞争优势，需要采取有效的手段在一定的期限内加以保护隔离，以防竞争对手企业或个人的盗用或仿效。其中正式的知识产权保护方法有申请商标、专利和版权等，非正式的知识产权保护方法有加密、复杂设计、设置访问权限等。

4.4.4　良好的企业社会公共关系

中小型管理咨询企业或咨询公司要想在激烈的市场竞争环境下拥有一席之地，务必要重视塑造并提升企业形象。在企业形象的众多基本要素（如企业的产品形象、服务形象、品牌形象、经营观形象、人员形象等）中，企业的社会公共关系形象尤为重要，它是企业在组织公共关系活动中所树立的企业形象。良好的企业外部形象会助力完善企业的社会公共关系，即优化企业与政府、社区、新闻界、文化界、金融界、其他企业及广大消费者的沟通联系，建立并保持相互信赖的关系，为企业的发展减少外部阻力，从而给咨询企业创造一个相对适宜于知识管理工作（如知识创新和知识再造）的政策环境或资金来源。

咨询企业在经营中要不断谋求自身条件同外部经营环境的协调和动态平衡，要做到遵纪守法、照章纳税，勇于承担社会责任，支持社会公益事业，对客户、银行等金融机构、政府等相关职能部门诚实守信，并通过各种传媒宣传企业，与社会各界保持良好的关系，要有效地扩大企业的影响，争取社会公众对企业的理解和信任。可以说公共关系既是塑造企业形象的一种途径和手段，同时其自身也是企业形象的一个重要组成部分，并确立、构成企业的"关系形象"。

咨询企业要善于"借力社会资本"，即有效地利用社会资源为企业的发展壮大服务。一个形象好的企业能有效地开辟融资渠道，广泛地吸收社会资本为己所用；一个拥有良好形象的企业会产生强大的"文化场"，能吸引更多更优秀的人才加入企业领导团队；同时，一个形象好的企业还会巧借"政治力"，使企业锦上添花。如果企业想要具备借力的能力，除了努力不断增强自身的盈利能力外，开发企业形象也是不二的选择。

4.4.5　咨询企业企业文化层面的知识管理优化评估假设

著者依据咨询企业的知识共享企业愿景、知识创新的企业价值观、知识产权保护的企业意识以及构建良好的社会公共关系等企业文化诉求，以咨询企业的常规性活动为落脚点，提出了中小型管理咨询企业的知识管理优化关于企业文化建设层面的评估假设，具体如下，其中 H1～H3 属于知识共享方面，H4～H6 属于知识创新方面，H7～H9 属于知识保护方面，H10～H12 属于公共关系方面。

H1：公司员工对知识共享有很强的参与感。

H2：员工开会时可以毫无顾忌地发言，不回避争议性问题。

H3：公司高层积极倡导知识共享的文化。

H4：公司鼓励员工进行探索和试验，容许员工尝试失败。

H5：鼓励团队或个人的知识创新活动。

H6：详细记录每次知识创新的过程。

H7：公司尊重并保护个人资料。

H8：公司重视保护个体员工头脑中的知识。

H9：公司注重知识保护技术的利用，如外网限制。

H10：公司与金融机构的联系很密切。

H11：公司与政府部门的联系很密切。

H12：公司与行业协会的联系很密切。

小结：著者在本章分别从咨询企业的基础设施建设层面、项目服务流程层面、人力资源建设层面和企业文化层面，系统阐述分析了中小型管理咨询企业的知识管理工作所要面对的具体问题，并依据各层面知识管理活动的特点，较为全面、系统且有针对性地提出了中小型管理咨询企业知识管理优化评估指标假设。

第5章 中小型咨询企业的知识管理优化模型

5.1 企业知识管理模型概要

熟悉企业知识管理模型的研究现状，把握学界和企业界对于知识管理活动的相关理论基础和实践经验的总结，是著者提出基于多维度组织整合的中小型管理咨询企业知识管理优化模型的前提条件。

5.1.1 我国知识管理模型研究汇总

关于企业知识管理模型构建方面的学术研究性文章并不鲜见，对于知识管理模型方面的研究是人们对知识管理不断深入了解的过程。20 世纪 90 年代以来，国内学者对于知识管理模型的研究大致可划分以下 6 种类型：

5.1.1.1 基于知识的管理模型

主要特点：以"知识"为目标，重点研究"知识"的特点，如知识在组织中存在的形式、层面、动态流动的机制等，特别注重知识的共享与转化，如"知识社区""知识集市""元知识"等，见表14。

表 14　基于知识的知识管理模型

	康壮，樊治平（2003）❶ 双向模型（见图 25）	付宏才，邹平（2003）❷ 知识管理模型框架（见图 26）	李全亮（2008）❸ 整合 模型（见图 27）
关注问题	注重数据、信息和知识的内在有机结合	企业知识流动的单双循环	人际关系和知识共享的社会化过程
具体内容	数据、信息和知识进化和衍生的双向过程	知识获取、储存、改造、共享、利用和反馈	知识创造和转化
功能及观点	弥补了以往知识管理研究忽视了资源整合的缺陷	隐性知识与显性知识通过交流机制，实现了双方的双向转换作用，提高知识共享程度，提高所有员工的知识水平	认为人与人之间信息的相互作用和共享的经历能够影响组织效率和知识的创造与转化

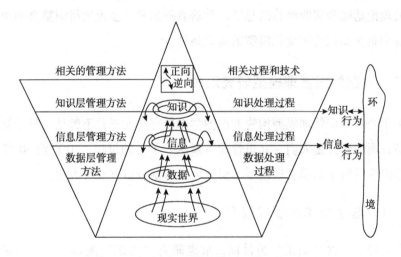

图 25　一种基于双向模型的知识管理基础框架

❶ 康壮，樊治平. 一种基于双向模型的知识管理基础框架［J］. 工业工程与管理，2003（5）.
❷ 付宏才，邹平. 现代企业决策支持的知识管理模型框架［J］. 科技进步与对策，2003（8）.
❸ 李全亮. 关于企业组织文化与知识管理模型整合的研究［J］. 管理纵横，2008（8）.

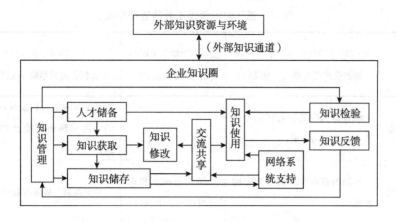

图 26　现代企业决策支持的知识管理模型框架

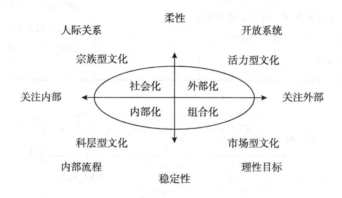

图 27　关于企业组织文化与知识管理模型

5.1.1.2　基于知识管理工具的管理模型●

主要特点：以"如何管理知识"为目标，从组织的某一层面，如组织环境、组织结构、组织知识，或管理过程的某一环节入手，研究如何对知识进行高效合理的管理，如基于本体/基于 Web 2.0/语义网格环境下等，见表 15。

● 这里的工具是指一种管理知识的手段，并非物理意义的工具。

表 15　基于知识管理工具的管理模型

	叶荣华（2003）基于本体论的知识管理模型❶（见图28）	姜丹（2008）OBKM模型❷（见图29）	吴小华（2008）语义网格环境下知识管理模型❸（见图30）
关注问题	将海量无序的信息转化为能为企业利用的知识	—	基于本体的知识发现以及在语义网格环境下隐性知识的转化
具体内容	知识的获取和存储及知识的检索	知识提取、知识组织和知识应用	知识存储、检索和应用
功能及观点	探讨了 XML 在知识管理模型中实现的作用，解决了知识管理中，知识的获取、存储与检索问题	—	结合研究语义 Web 的优势和网格技术的先进技术，提出知识管理的语义网格构架

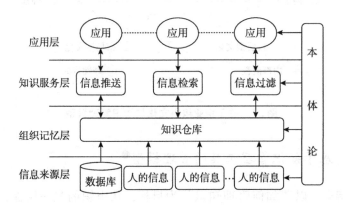

图 28　基于本体论的知识管理模型

---

❶　叶荣华. 基于本体论的知识管理模型及其实现［J］. 微机发展，2003（10）.

❷　姜丹. 基于本体的知识管理模型研究［D］. 西安电子科技大学，2008.

❸　吴小华. 语义网格环境下知识管理模型的建立［J］. 现代情报，2008（1）.

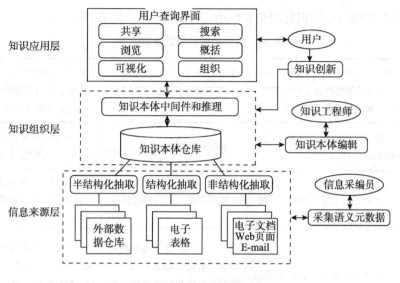

图 29　基于本体的知识管理模型

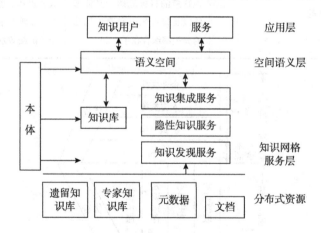

图 30　语义网格环境下知识管理模型

5.1.1.3　基于组织绩效的知识管理模型

主要特点：以"提高组织整体绩效"为目标，对知识的研究已不仅停留于其自身的特征、知识管理工具，而是对知识如何影响组织的整体绩效、核心竞争力、持续竞争优势进行研究，即组织的功能、结构、领导、技术、人力资源等各因素如何与知识管理交互作用、协调发展❶，见表16。

表16　组织绩效的知识管理模型

	吴冰，刘仲英，张新武（2004）基于价值链的企业知识管理模型研究❷（见图31）	刘松博等（2005）基于知识平衡计分卡的知识管理模型❸（见图32）	熊学兵（2009）基于价值链的企业知识管理系统模型研究❹（见图33）
关注问题	虚拟价值链对企业知识管理的影响	衡量知识管理绩效	对知识进行系统化的管理，实现知识的共享和应用
具体内容	知识获取、生产、保存、利用	技术使用、知识传递和创新	知识获取、知识转移、知识共享、知识创新和知识应用
功能及观点	企业知识管理的价值链是通过对管理资源和技术资源的管理而实现的	首次把知识管理与平衡计分卡二者结合起来研究。知识管理平衡积分卡模型把知识管理的目标战略、具体措施以及显性知识和隐性知识的分类都综合在了一起	知识管理的全过程与相关因素（企业愿景、战略、组织结构、企业文化，人力资源、技术、社会公共关系等）相互作用决定企业的绩效水平

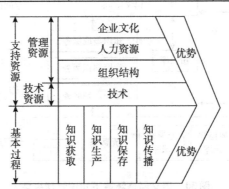

图31　基于价值链的企业知识管理模型

❶　吴晓波，郭雯，刘清华. 知识管理模型研究述评［J］. 研究与发展管理，2002，12（14－6）：52－59.

❷　吴冰，刘仲英，张新武. 基于价值链的企业知识管理模型研究［J］. 管理科学，2004（2）.

❸　刘松博，王凤彬. 基于知识平衡计分卡的知识管理模型［J］. 科学学研究，2005（2）.

❹　熊学兵. 基于价值链的企业知识管理系统模型研究［J］. 中国科技论坛，2009（1）.

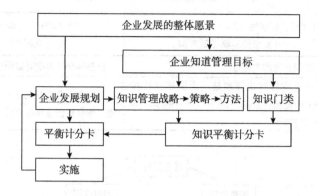

图 32　基于知识平衡计分卡的知识管理模型

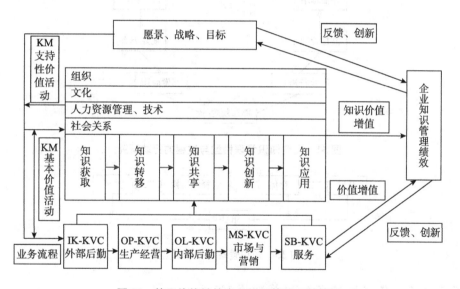

图 33　基于价值链的企业知识管理系统模型

5.1.1.4　基于知识管理应用（过程）的模型

主要特点：关注知识管理的实施过程，从全局角度对知识进行管理，认为企业实施知识管理是一个循环的过程，见表 17。

表 17　知识管理应用（过程）的模型

	江文年，杨建梅（2004）知识管理过程的10 要素模型❶（见图 34）	王旭（2005）五阶段模型❷（见图 35）
关注问题	知识管理的实施过程	从整体全局角度对知识进行管理
功能及观点	企业实施知识管理是一个循环（或螺旋）的过程，目的是成为一个不断学习的学习型组织	它能使企业更好地了解他们的知识环境，更好地创造和应用技术来管理知识

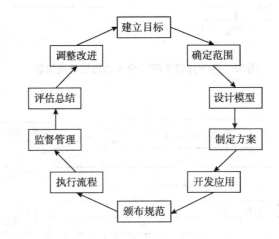

图 34　企业知识管理模型与过程的行动研究

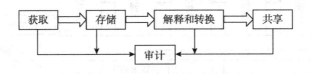

图 35　知识管理五阶段模型

5.1.1.5　集成情境的知识管理模型

主要特点：由于知识本身就是情境中所蕴含的信息，所以正是情境的存在，才使得知识具备了各式各样的关系和意义。能否为使用者提供可帮助理解

❶　江文年，杨建梅. 企业知识管理模型与过程的行动研究框架［J］. 科技管理研究，2004（4）.

❷　王旭. 知识管理五阶段模型分析［J］. 农业与技术，2005（12）.

信息知识的语境以及信息之间的相互联系，是知识管理工作的关键性问题，见表 18。

表 18　集成情境的知识管理模型

	奉继承（2006）知识管理框架❶（见图 36）	潘旭伟等（2006）集成情境的知识管理模型❷（见图 37）	陈发祥，梁昌勇（2008）知识管理概念模型❸（见图 38）
关注问题	知识管理的业务流程和知识转化流程	实现情境与知识管理要素的集成	知识开发和创新是组织获得核心竞争力的必要条件
具体内容	知识挖掘、共享、应用和评估	对知识情境、知识过程、知识（项）和知识主体四个要素的管理	知识发现（获取、储存、分享、学习）和创新
功能及观点	以系统分析思维方法，提供一致的语言；描述一个过程；提供一个核查表；关注非技术因素	把情境作为知识管理的一个不可或缺的要素，使知识管理系统具有情境敏感与用户敏感等特性	知识流、企业文化和信息技术只有在组织内实现有效的融合，知识管理工作才能取得预期的成功

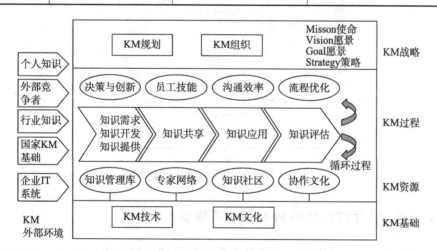

图 36　知识管理：理论技术与运营

---

❶　奉继承. 知识管理：理论、技术与运营［M］. 北京：中国经济出版社，2006.

❷　潘旭伟，顾新建，程耀东，等. 集成情境的知识管理模型［J］. 计算机集成制造系统，2006（2）.

❸　陈发祥，梁昌勇. 组织知识管理战略的概念模型［J］. 中国科技论坛，2008（2）.

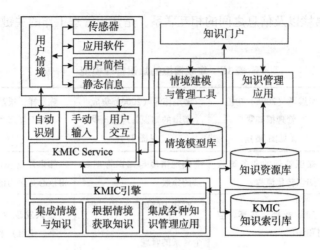

图 37　集成情境的知识管理模型

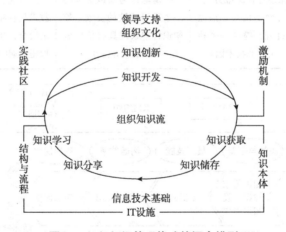

图 38　组织知识管理战略的概念模型

5.1.1.6　基于组织战略的知识管理模型

主要特点：以战略目标和战略思维为整个知识管理的目标导向和实践指导，认为知识管理是现代企业战略的核心组成，通过战略管理来推动企业管理的各个层面的升级和改造，从而提升企业的核心竞争力❶，见表19。

----

❶　陈兰杰. 国内知识管理模型研究综述［J］. 科学与管理，2010（1）：9－15.

表 19　基于组织战略的知识管理模型

	杨新华，林健（2001）知识管理实施框架❶（见图39）	左美云，许珂，陈禹（2003）灯笼模型❷（见图40）	王克胜（2004）整体模型❸（见图41）	吴金希（2005）知识管理战略模型❹（见图42）	王平，杨斌（2005）基于知识链知识管理框架❺（见图43）	朱亚男，于本江（2006）知识管理系统模型研究❻（见图44）	沈丽宁（2007）企业协同知识管理框架❼（见图45）
关注问题	知识资产对组织增值的作用	通过战略管理来推动企业管理的各个层面的升级和改造	知识管理在整体战略中的价值	将企业知识管理活动和战略问题相结合	以战略目标和战略思想为企业知识管理工作的目标做导向和实践指导	加速知识共享，鼓励知识创新，实现知识增值，从而提高企业核心竞争力	打破企业内部信息资源之间的各种壁垒和边界
具体内容	知识资源的获取、开发与创造、存储与检索、流通、评估、维护和保护等	知识获取、开发、共享、创新、利用到知识挖掘和衰亡	共享与创新	知识获取、共享、创新和应用辅助活动：领导、技术、控制、组织和评测	知识的获取、编码、转化、存储、整合、交流、共享、创新	知识识别、创造、积累和应用	知识采集、创造、共享
功能及观点	实施知识管理必须根据外部环境的变化，特别是要充分开发知识资产的潜在效益，进行组织结构重新设置、企业战略调整和企业文化的重新定位	是知识管理思想在战略管理领域的直接体现，对企业整个知识管理思想体系起到提纲挈领的作用	全体员工都应能检索到任何与服务、合作有关以及所有利益相关者相关的信息。且与其他利益相关者合作才能实现创新知识	将企业所有的知识管理活动分为主要活动和辅助活动。该模型是分析企业知识管理战略和竞争优势的一个基础工具	以知识价值链为企业知识管理的核心主体，将知识管理框架与企业职能战略、内外战略环境相结合，以此实现企业战略目标的实现和核心竞争力的保持	从核心竞争力的角度探析知识管理的内涵和作用，指出知识管理系统的运行效率决定了企业核心竞争力	从企业组织整体战略角度出发，把企业内部各个部门或人员连接起来，并实现和企业的战略目标有效结合

❶　杨新华，林健. 知识管理与电子商务［J］. 信息系统工程，2001（2）.

❷　左美云，许珂，陈禹. 企业知识管理的内容框架研究［J］. 中国人民大学学报，2003（5）.

❸　王克胜. 知识管理导论：原理与实践［M］. 北京：高等教育出版社，2004.

❹　吴金希. 用知识赢得优势：中国企业知识管理模式与战略［M］. 北京：知识产权出版社，2005.

❺　王平，杨斌. 基于知识链的企业战略知识管理框架［J］. 情报杂志，2005（6）.

❻　朱亚男，于本江. 知识管理系统模型研究［J］. 价值工程，2006（2）.

❼　沈丽宁. 企业协同知识管理框架构建与策略研究［J］. 情报理论与实践，2007（6）.

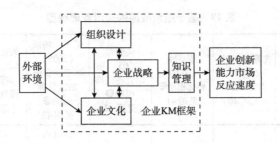

图 39　知识管理与电子商务

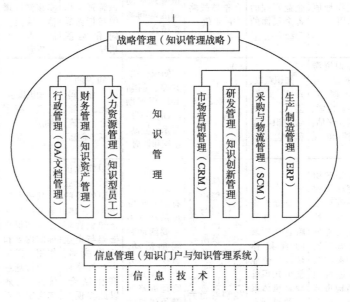

图 40　企业知识管理的内容框架研究

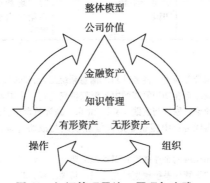

图 41　知识管理导论：原理与实践

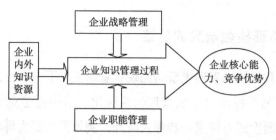

图 42　用知识赢得优势：中国企业知识管理模式与战略

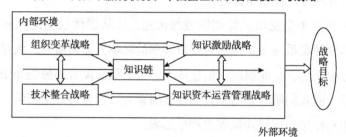

图 43　基于知识链的企业战略知识管理框架

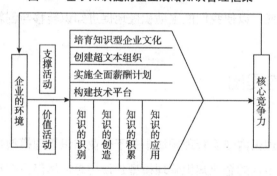

图 44　知识管理系统模型

图 45　企业协同知识管理

5.1.2 知识管理模型研究的总结

著者就目前我国知识管理模型研究现状总结了以下三条结论：

（1）以上所列举模型对知识管理的系统化、结构化建立了有力的理论框架，而对知识的测度还有待进一步深入研究，例如提出更为科学具体的、切实可行的知识管理考评体系指标等。

（2）目前对于企业知识管理模型的研究，应从围绕模型的因素分析延伸至针对各因素的联系与相互作用对知识管理的影响方面的研究。大量模型对组织结构、企业文化、企业制度、信息技术、人力资源配置等影响知识管理的因素作了分析，而我们所需要的不只是什么因素对知识管理发生影响，关键是这些因素的相互作用如何对知识管理产生影响。

（3）知识管理模型的研究还应该从知识转移的流动机制研究向转移的动力与影响因素发展，以便我们能主动积极地促进知识转移与创新的产生。

5.2 模型的提出

通过总结梳理国内知识管理领域中关于企业知识管理模型建设方面的研究可以发现，绝大多数的企业知识管理模型建设构想依然停留在理论层面上，普遍缺乏针对构建模型的具体实现步骤、考核指标的系统整体设置、指标的评价方法与体系等方面的研究，缺乏针对知识信息的评测标准、不同指标间的相互影响关系等知识管理活动的重要内容的系统研究。

著者在美国俄亥俄州 Kent State University 联合培养期间，曾利用 Ohio-link、Oracle、Emerald、EBSCO、Web of Science、肯特大学图书馆电子文献数据库等电子资源，并利用国内数据库，如 CNKI、独秀数据库、超星电子图书、万方数据库、优秀博士硕士论文数据库等检索平台，先后查阅了大量的国内外关于企业知识管理方面的研究论文、期刊、著作、企业网站等相关信息资源，结果并未检索到有关中小型管理咨询企业知识管理优化模型的相关内容。因此可以说，当前国内外不论是在学术科研领域还是在实践工作第一线，关于中小规模咨询企业知识管理模型的建设研究成果，相比企业知识管理模型研究是相对匮乏的。

著者认为，在对中小型管理咨询企业进行知识管理的模型设计、确定模型考核指标、研究各指标间的相互作用及影响时，要遵循两大基本条件，脱离了这两大基本条件，所提出的任何一个关于中小型管理咨询企业知识管理模型的假设都是没有实际意义的，都是不科学的。这两大基本条件是：

（1）模型的提出要符合知识生产及知识运动过程当中所遵循的自然规律。

这是知识自身存在的属性及特点所决定的。世间万物的存在及发展都是按照某种规律进行的，虽然知识是作为一种无形的物质存在着，但也概莫能外，也是有其自身存在发展的规律的。

知识的最初形态是游离状态下的数据或信息片段，经过数据、信息的收集、获取，在人们对所获数据、信息内容展开信息关联的分析研究，即信息加工后，逐渐形成可以指导人类生产活动的知识内容，即知识的生产过程。知识形成后，由于知识本身的价值属性、积累属性和隐含性，又决定了需要有对于所需知识的获取收集过程。由于知识具有差异的属性和创新性，所以又需要进一步对所俘获的知识进行再造或创新过程。知识的流动性、共享性和独占性又决定了需要有知识的转移过程、知识的共享过程和知识的保护过程。以上所述各过程基本上覆盖了知识生产及知识运动过程当中所要遵循的自然规律。

（2）模型的提出要符合知识管理优化活动对于中小型管理咨询企业组织整合的要求。

企业知识管理活动的效率一方面取决于企业知识管理部门对于知识的获取、分析、再造、创新及将知识进行传播的能力，另一方面取决于企业的整体管理能力及其运营状态。因为企业的知识管理活动脱离不开企业的整体管理运营，企业对于知识管理的活动仅仅是企业管理活动中的一部分，它取决于企业的整体运作效率，理论上不存在整体运作效率低下但却拥有着较高知识管理效率的企业。对于所有企业而言，知识管理活动需要企业具备较高的组织整合能力。

著者认为与知识管理最为相关的企业管理运营活动包括企业的基础设施建设、具体项目服务流程、人力资源建设、企业文化建设等。而企业的基础设施建设又包含信息技术建设、组织结构情况和组织制度建设；企业的项目服务流程（在模型中称为企业流程）包括业务的执行能力状况和项目推进能力；企业文化建设又可分为企业知识共享文化、企业知识创新文化、企业知识保护意识和企业社会公共关系意识。

基于以上两大关于知识及企业知识管理的基本规律和前提条件，著者给出了中小型管理咨询企业知识管理模型，如图46所示。

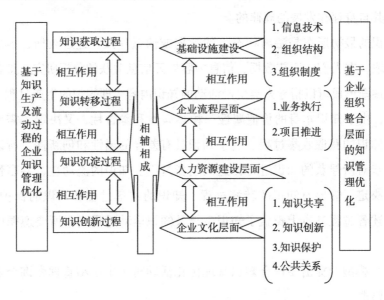

图46 中小型咨询企业知识管理优化模型

134

5.3 模型所选要素

著者结合知识的生产和流动过程的特点以及企业的组织整合能力，提出了中小型管理咨询企业的知识管理优化模型。从知识生产和流动过程的角度，模型所选择的分析要素分别包括中小型管理咨询企业的知识获取过程（详见 3.2节）、知识转移过程（详见 3.3 节）、知识沉淀过程（详见 3.4 节）和知识创新过程（详见 3.5 节）；从企业的组织整合层面，模型所选择的要素包括中小咨询企业的基础设施建设（详见 4.1 节）、企业流程（即项目服务流程，详见4.2 节）、人力资源建设（详见 4.3 节）和企业文化建设（详见 4.4 节）。

5.4 模型的功能

著者的企业知识管理优化模型是针对中小型咨询公司的知识生产和流动过程以及企业组织管理整合要素提出的，对于中小型管理咨询企业的知识管理工作有以下帮助：

（1）能够使中小型管理咨询企业的知识管理活动清晰化。该模型以知识流动所依附的规律和企业组织管理整合活动为基础，提出了符合中小型咨询公司实际需求的知识管理优化模型，通过模型可以迅速提升中小咨询公司的知识管理工作效率。

（2）模型中所提出的已经体系化的有待分析的观察变量，指明了中小咨询公司在知识管理活动中需要具体实施的工作内容范畴。根据模型的构成要素可知，咨询企业的知识管理优化过程是不能自动实现的。所以，咨询公司要想通过加速知识的不断创新、增加企业的知识资本，来提高企业的核心竞争力，就必须要参考模型中能实现知识管理优化的条件及内容进行建设，促使咨询企业能够按部就班地逐渐具备这些条件，从而成为公司企业追求知识管理优化的指向标。

（3）可以为咨询公司或咨询企业知识管理工作的评估提供指导功能。该模型从两大基本条件着手，逐一提出了基于每个条件的要素以及每个要素下面所包含的各项需要进行分析评价的下位类指标。因此可以说，此模型可以为中小型管理咨询企业知识管理能力的评估方法提供借鉴参考。

小结：在这一部分，著者首先将过去有关企业知识管理模型方面的研究进行汇总，并进行归类比较，分析模型特点并给予客观评价；其次，在此基础上提出适用于中小型咨询企业知识管理指标评估优化模型，针对模型所选择的要素进行了系统阐述说明；最后，论述了该评估模型的基本功能和期望作用。

第6章 中小型咨询企业知识管理
优化模型的评估检验

在第5章著者提出了适用于中小型管理咨询企业的知识管理优化模型，列举了知识管理优化过程中所包含的要素和所需条件。明确了要素和条件内容后，接下来需要做的是设定模型中的各项具体观察变量假设，并应用科学的量化统计方法对这些观察变量加以分析评估，从而查找筛选出影响度足够大的变量假设，剔除影响度非常小的变量假设，从而确保该模型的科学性和可操作性。

中小型咨询企业知识管理优化模型当中的评估指标，著者亦称之为评估假设指标、评估假设或假设评估指标。前文所提及的知识管理评估优化指标假设模型，是指已被赋予了各项观察变量的中小型咨询企业知识管理优化模型（图46）。

6.1 知识管理优化模型假设指标的设置

在具体设置模型所需的众多假设指标前，首先应明确指标体系的构建原则。

6.1.1 评估假设指标的构建原则

对于中小型管理咨询企业知识管理能力的评估，需要建立在客观、科学的指标评价体系的基础之上。著者在构建中小型管理咨询企业知识管理优化模型评估指标体系时，遵循了以下原则。

6.1.1.1　简明性原则

简明性原则主要指各评估指标应该概念确切、含义清楚、信息集中、数据资料容易获取、计算范围明确、计算方法简明易懂❶。遵循这一原则是考虑到咨询企业知识管理自身具有一定的模糊性特点，项目知识管理的随机性很强。因此建立过于复杂的评估指标体系并不符合咨询企业知识管理过程的这一特点，甚至会影响评估的准确性和客观性，从而导致中小型管理咨询企业丧失提升知识管理工作效率的最佳时机。

6.1.1.2　系统性原则

中小咨询企业的知识管理优化的观察变量指标的设置要遵循系统性原则，主要是由以下两方面决定的：首先，咨询企业的知识管理活动是由若干个相互依存的要素构成的，各要素都是相互独立又是相互联系的，即不同要素内的指标变化可能引起整个知识管理系统绩效的综合指数的变化。所以，不同评估指标之间应具备一定的逻辑相关，它们既要从不同侧面反映出咨询企业知识管理活动的主要内容和规律，又要体现这种管理活动的动态性。其次，咨询企业的知识管理工作的效率和效果，很大程度上取决于知识管理人员的知识能力与咨询公司、客户内外环境及其组织效率的影响。因此，在设计模型的具体评估指标时，既要充分考虑各指标内在的逻辑关系，又要考虑到人在知识管理活动中的影响因素。只有依照系统性的设计与评估原则，才可以全面、科学地实现对咨询企业知识管理能力的准确评估。

❶　彭念一，陈长华. 农业制度创新评估指标体系及其测算方法［J］. 财经理论与实践，2003，24（124）：94.

6.1.1.3　可比性原则

如图 46 的模型所示，不论是基于知识生产及知识运动过程层面的知识管理，还是基于企业组织管理整合层面的知识管理，这些都是咨询企业常态下的知识管理活动，所以对咨询企业知识管理优化的评估不应针对某一时段或是某几项特定内容，而是要求每个评估变量指标应具备多次评估后可相互间进行比较的特征，这就要求对评估指标的含义、统计口径和范围尽可能的标准化[1]。例如同一个指标经评估后的数值变化范围过大，则说明该指标的设定可能过于敏感，反之则说明可能过于迟钝，两种极端情况都将影响对知识管理优化效果的评价效果。

6.1.1.4　可操作原则

中小型管理咨询企业知识管理优化模型的评估指标的构建目的是应用于实践，所以构建的评估指标系统应该具备可操作性，即实用与可行原则。"实用"要求指标系统应该尽可能地选用与现有的统计资料兼容的指标，同时指标要做到少而精，既能突出评估的重点，又能反映实际的情况；"可行"是指评估指标在使用时不要有太多的假设前提，或者理论性非常强，导致其度量指标和因素难以进行实际测度，应用到具体实践中难度较大，收集数据的难度过大，从而影响评估结果[2]。

6.1.1.5　定量结合定性原则

咨询企业的知识管理活动是一项复杂的综合系统工程，鉴于评估指标自身存在的非线性与模糊性的特点，单纯强调定量方法或是定性的方法，都无法准确地反映出咨询企业知识管理活动中各指标的重要程度及其相互关系。事实

---

❶　赵玉林. 创新经济学 ［M］. 北京：中国经济出版社，2006：379.

❷　李耀土. 企业技术创新能力评估方法研究 ［J］. 经济论坛，2007（9）：82.

上，对于咨询企业知识管理过程和相关活动的评估予以定量和定性两种方法的相互结合，是科学的指标体系的设计原则和方法。一方面在评估系统中可以尽可能地将已获得的统计数据做定量评估研究，另一方面对于某些难以数量化的内容，可以采用定性的方法，如使用同行评议法、案例研究等方法手段❶。

6.1.2 模型所采取的研究方法

著者所提出的适用于中小型管理咨询企业的知识管理优化模型，首先是建立在对咨询企业的知识生产流动过程和企业组织管理整合两大过程中，并且建立在和知识管理活动存在直接或间接联系的假设评价指标（评估观察变量）的基础之上。在确定一系列假设指标❷之后，通过向中小型管理咨询企业或是具备承揽咨询服务项目的其他企业部门或咨询机构发放预调查问卷，在回收预调查问卷后，通过针对各指标的统计分析，遴选出信度和效度较高的假设作为最终评价指标，并剔除信度和效度较低的假设指标。然后再次向中小型咨询公司企业或其他类型的公司企业中具备独立承接咨询项目的部门或机构，大量发放只含有最终评估指标的调查问卷，然后再次回收问卷并进行定量统计，计算各评估指标的权重，并确定重要性程度，分析不同评价指标间的相互影响关系，进而得出适用于中小型管理咨询企业参考的知识管理优化评价指标模型。

6.1.3 假设评估指标的选择

著者在参考了大量企业知识管理的评估模型研究中关于观察变量指标的具体设置情况，并结合咨询企业的实际运作情况，提出了特指针对中小型管理咨询企业知识管理活动的、按照知识生产和流动过程以及企业组织整合层面进行

---

❶ 石晶. 咨询公司的知识创新研究 [D]. 中国人民大学，2008.
❷ 文中出现的"假设指标"和"观察变量""评估指标""评估观察标量指标"是同一个概念。

分类的一系列评估观察变量。

在前面的不同章节中，著者其实已经给出了这些评估指标的假设，不同分类的评估假设详见如下章节：

3.2.3——咨询企业知识获取过程的知识管理优化指标假设；

3.3.3——咨询企业知识转移过程的知识管理优化指标假设；

3.4.3——咨询企业知识沉淀过程的知识管理优化指标假设；

3.5.4——咨询企业知识服务创新过程的知识管理优化指标假设；

4.1.1.2——咨询企业信息技术层面的知识管理优化评估假设；

4.1.2.2——咨询企业组织结构层面的知识管理优化评估假设；

4.1.3.2——咨询企业组织制度层面的知识管理优化评估假设；

4.2.7——咨询企业项目服务流程层面的知识管理优化评估假设；

4.3.3——咨询企业人力资源建设层面的知识管理优化评估假设；

4.4.5——咨询企业企业文化层面的知识管理优化评估假设。

将上述所有关于中小型管理咨询企业知识管理活动的优化评估假设，按照知识生产及知识运动过程和企业组织整合两大层面进行归类，并进一步展开、细化各项化假设后，得出以下评估观察变量指标汇总系列表，见表20。

表20　中小型咨询企业知识管理的评估优化指标汇总

基于知识的生产和运动层面的咨询企业知识管理优化评估指标假设	
维度	题　项
知识 获取 过程	A1：有项目所需信息知识的可持续获取来源，如年报、专家系统、网络数据库、书籍等
	A2：公司将各种知识用文字化方式记录下来，转换为工作手册或数据库、知识库等
	A3：公司内的知识组织活动具有标准化的特征（如统一的内部文件管理体系、标准化的知识记录）
	A4：公司的核心知识大部分存在于个别员工身上
	A5：公司注重从员工的工作中总结吸收知识以及从商业伙伴处借鉴知识
	A6：公司的核心知识大部分存在于数据库（案例库、专家库等）中

基于知识的生产和运动层面的咨询企业知识管理优化评估指标假设

维度	题　项
知识 转移 过程	B1：出售给客户的知识产品（如行业报告、审计报表、管理流程系统）的价位适中 B2：公司的咨询产品中包含的信息知识（如行业报告、企业刊物等）与客户本身所掌握的信息知识具有比较高的重叠 B3：公司具有体系较完备的企业档案信息管理系统，如人事系统、财务系统、业务系统等 B4：公司在扩散知识时主要是依靠数据库所包含知识的转移来实现知识的传递与转移 B5：有完善的程序和渠道将知识传递至企业的各个部门和个人，如 OA 系统、邮件系统等 B6：公司对知识共享好处的考虑超过对成本的考虑，如建立公司内部开放式案例库、客户查询系统等知识共享硬件都需要公司投入较高成本
知识 沉淀 过程	C1：有按行业分类或按项目分类编制的比较系统、完善的知识索引，方便查询某一主题范围内的知识内容 C2：公司编制有可以按关键词、主题词或企业名称等内容进行检索查找的知识摘要 C3：公司具备筛选、过滤知识的执行程序，能够迅速提取有用的知识信息，排除干扰信息项 C4：有清晰的客户知识（包括客户信息、客户提出的建议等）的分类程序，如 CRM 系统 C5：公司有清晰的生产（业务）流程知识分类程序 C6：管理人员经常检查核对企业文档、数据库、知识库内容，以避免错误的产生
知识 创新 过程	D1：公司具备利用知识发展新产品（服务）的基本能力 D2：公司能从以前的项目汲取经验并将其应用到新的项目中 D3：公司积极应用已有的知识创造新知识 D4：通过招聘新的员工获取新的知识 D5：善于从错误或过去的经验中学习新的知识 D6：公司能够有效应用知识解决新问题

基于企业组织整合层面的知识管理优化评估指标假设

一级 维度	二级 维度	题　项
基础 设施 建设 层面	信息 技术	E1：公司使用信息技术，存放各种类型的知识 E2：员工可以方便地通过公司信息管理系统获得工作所需要的信息和知识 E3：公司重视信息系统的建设，促进知识的获取、传播、应用和保护 E4：不同部门和地方的员工可以通过网络方便地交流信息和知识 E5：行业知识管理技术的进步为公司的业务发展提供了较好的机会

基于企业组织整合层面的知识管理优化评估指标假设		
一级 维度	二级 维度	题　项
基础 设施 建设 层面	组织 结构	E6：公司组织结构阻碍了不同部门间员工的知识交流和共享 E7：公司鼓励员工不考虑组织结构层级可到任何部门获得所需知识 E8：公司的组织结构体系鼓励集体合作胜于个别行为 E9：公司组织结构有利于技术、规则、方案等新知识的产生
	组织 制度	E10：公司明文规定了哪些知识的获取是被限制的 E11：公司使用权限管理等技术来限制某些核心知识的存取 E12：公司有保护其知识免遭窃取的措施 E13：公司有保护其知识免遭内外部不适当使用的措施，比如有信息核对、二次校对等工作程序 E14：公司有严密的政策与程序来保护商业机密
项目 服务 流程 层面	业务 执行 能力	F1：公司具有将竞争情报转化为行动计划的执行程序流程 F2：拥有与客户进行项目洽谈协商的知识储备 F3：对客户的响应时间短 F4：公司按照承诺的时间提供产品/服务 F5：公司为客户提供专业、针对性的产品/服务
	项目 推进 能力	F6：公司能够迅速地组织起由专家、教授、资深行业从业者构成的项目咨询顾问团队 F7：公司能够利用以往的知识经验迅速完成新项目的准备工作 F8：可以迅速并准确地查找得出客户企业在生产经营中存在的问题及潜在威胁 F9：具备保证项目实施阶段中持续的知识供给能力，能够及时发现问题并能做出科学合理的调整 F10：公司可以在项目结束后进行售后跟踪调查，掌握客户对所购知识产品的利用情况
人力 资源 建设 层面		G1：注重人才招聘，具备完整的人才引进、考核系统 G2：有着完善的人才晋升选拔制度 G3：公司对员工的在职培训和学习非常重视 G4：经培训后，员工所提项目改进方案数量及被公司采纳的建议数量正在逐步增加 G5：公司为不同教育程度、专业素养的员工编制不同的培训计划和课程项目

基于企业组织整合层面的知识管理优化评估指标假设

一级维度	二级维度	题 项
企业文化层面	知识共享	H1：公司员工对知识共享有很强的参与感 H2：员工开会时可以毫无顾忌地发言，不回避争议性问题 H3：公司高层积极倡导知识共享的文化
	知识创新	H4：公司鼓励员工进行探索和试验，容许员工尝试失败 H5：鼓励团队或个人的知识创新活动 H6：详细记录每次知识创新的过程
	知识保护	H7：公司尊重并保护个人资料 H8：公司重视保护个体员工头脑中的知识 H9：公司注重知识保护技术的利用，如外网限制
	公共关系	H10：公司与金融机构的联系很密切 H11：公司与政府部门的联系很密切 H12：公司与行业协会的联系很密切

6.2　知识管理评估模型的问卷统计

　　著者根据表 20 的内容，设计了一份面向中小型管理咨询企业和其他类型企业中具备独立承接咨询项目能力的部门机构的预调查问卷（问卷详细内容见附录一）。共计发放预调查问卷 77 份，回收率 100%，发放对象包括北京宏道大略管理咨询有限公司、新华信国际信息咨询（北京）有限公司等十余家本土咨询企业机构。

6.2.1　评估假设指标的预调查

　　回收预调查问卷后，著者利用 SPSS 统计软件对各类评估假设指标进行了效度❶和信度❷分析，见表21。

表21 问卷各题项（评估观察变量）的描述统计情况

基于知识的生产和运动层面的企业知识管理优化评估指标			缺失值	均值	标准差	克隆巴赫系数
						0.947
知识获取过程	A1	有项目所需信息知识的可持续获取来源，如年报、专家系统、网络数据库、书籍等	0	4.06	0.817	0.916
	A2	公司将各种知识用文字化方式记录下来，转换为工作手册或数据库、知识库等	1	4.11	0.776	
	A3	公司内的知识组织活动具有标准化的特征（例如统一的内部文件管理体系、标准化的知识记录）	2	4.04	0.706	
	A4	公司的核心知识大部分存在于个别员工身上	0	3.00	1.088	
	A5	公司注重从员工的工作中总结吸收知识以及从商业伙伴处借鉴知识	2	3.76	0.942	
	A6	公司的核心知识大部分存在于数据库（案例库、专家库等）中	0	3.35	0.970	
知识转移过程	B1	出售给客户的知识产品（如行业报告、审计报表、管理流程系统）的价位适中	0	3.47	0.852	0.548
	B2	公司的咨询产品中包含的信息知识（如行业报告、企业刊物等）与客户本身所掌握的信息知识具有比较高的重叠	0	3.40	0.862	
	B3	公司具有体系较完备的企业档案信息管理系统，如人事系统、财务系统、业务系统等	0	4.09	0.976	
	B4	公司在扩散知识时主要是依靠数据库所包含知识的转移来实现知识的传递与转移	0	3.60	0.977	

---

❶ 效度是测量的有效性程度，即测量工具确能测出其所要测量特质的程度。效度是科学的测量工具所必须具备的最重要的条件。在社会测量中，作为测量工具的问卷或量表的效度要求较高。鉴别效度须明确测量的目的与范围，考虑所要测量的内容并分析其性质与特征，检查测量的内容是否与测量的目的相符，进而判断测量结果反映所要测量的特质的程度。

❷ 信度分析（Reliability Analysis）又称可靠性分析，是一种度量综合评价体系是否具有一定的稳定性和可靠性的有效分析方法。量表的编制是否合理决定评估结果的信度和效度。效度与信度的关系是信度为效度的必要而非充分条件，即有效度一定有信度，但有信度不一定有效度。

续表

基于知识的生产和运动层面的企业知识管理优化评估指标			缺失值	均值	标准差	克隆巴赫系数
						0.947
知识转移过程	B5	有完善的程序和渠道将知识传递至企业的各个部门和个人，如 OA 系统、邮件系统等	3	4.27	0.746	
	B6	公司对知识共享好处的考虑超过对成本的考虑，如建立公司内部开放式案例库、客户查询系统等知识共享硬件都需要公司投入较高成本	1	3.43	0.943	
知识沉淀过程	C1	有按行业分类或按项目分类编制的比较系统、完善的知识索引，方便查询某一主题范围内的知识内容	0	3.52	0.868	
	C2	公司编制有可以按关键词、主题词或企业名称等内容进行检索查找的知识摘要	1	3.34	1.027	
	C3	公司具备筛选、过滤知识的执行程序，能够迅速提取有用的知识信息，排除干扰信息项	0	3.32	0.952	0.792
	C4	有清晰的客户知识（包括客户信息、客户提出的建议等）的分类程序，如 CRM 系统	2	3.71	0.955	
	C5	公司有清晰的生产（业务）流程知识分类程序	2	3.85	0.881	
	C6	管理人员经常检查核对企业文档、数据库、知识库内容，以避免错误的产生	0	3.66	0.982	
知识创新过程	D1	公司具备利用知识发展新产品（服务）的基本能力	1	3.80	0.800	
	D2	公司能从以前的项目汲取经验并将其应用到新的项目中	1	3.84	0.849	
	D3	公司积极应用已有的知识创造新知识	2	3.69	0.838	0.820
	D4	通过招聘新的员工获取新的知识	0	3.14	0.996	
	D5	善于从错误或过去的经验中学习新的知识	0	3.70	0.961	
	D6	公司能够有效应用知识解决新问题	0	3.75	0.861	

续表

基于企业组织整合层面的知识管理优化评估指标假设				缺失值	均值	标准差	克隆巴赫系数
基础设施建设层面	信息技术	E1	公司使用信息技术，存放各种类型的知识	1	4.00	0.783	0.837
		E2	员工可以方便地通过公司信息管理系统获得工作所需要的信息和知识	0	3.83	0.909	
		E3	公司重视信息系统的建设，促进知识的获取、传播、应用和保护	0	3.87	0.864	
		E4	不同部门和地方的员工可以通过网络方便地交流信息和知识	0	3.96	0.924	
		E5	行业知识管理技术的进步为公司的业务发展提供了较好的机会	1	3.72	0.947	
	组织结构	E6	公司组织结构阻碍了不同部门间员工的知识交流和共享	2	3.32	0.947	
		E7	公司鼓励员工不考虑组织结构层级可到任何部门获得所需知识	1	3.43	1.087	
		E8	公司的组织结构体系鼓励集体合作胜于个别行为	1	3.63	0.978	
		E9	公司组织结构有利于技术、规则、方案等新知识的产生	1	3.50	1.013	
	组织制度	E10	公司明文规定了哪些知识的获取是被限制的	1	3.57	1.135	
		E11	公司使用权限管理等技术来限制某些核心知识的存取	1	3.89	0.903	
		E12	公司有保护其知识免遭窃取的措施	1	3.99	0.872	
		E13	公司有保护其知识免遭内外部不适当使用的措施，比如有信息核对、二次校对等工作程序	1	3.66	0.873	
		E14	公司有严密的政策与程序来保护商业机密	1	3.86	1.016	
项目服务流程层面	业务执行能力	F1	公司具有将竞争情报转化为行动计划的执行程序流程	1	3.41	1.022	0.880
		F2	拥有与客户进行项目洽谈协商的知识储备	2	3.72	0.863	
		F3	对客户的响应时间短	1	3.66	0.987	
		F4	公司按照承诺的时间提供产品/服务	1	3.92	0.762	
		F5	公司为客户提供专业、针对性的产品/服务	1	3.97	0.879	

基于企业组织整合层面的知识管理优化评估指标假设			缺失值	均值	标准差	克隆巴赫系数
项目服务流程层面	项目推进能力	F6	公司能够迅速地组织起由专家、教授、资深行业从业者构成的项目咨询顾问团队	1	3.54	0.972	
		F7	公司能够利用以往的知识经验迅速完成新项目的准备工作	1	3.76	0.964	
		F8	可以迅速并准确地查得出客户企业在生产经营中存在的问题及潜在威胁	1	3.78	0.723	
		F9	具备保证项目实施阶段中持续的知识供给能力，能够及时发现问题并做出科学合理的调整	1	3.67	0.855	
		F10	公司可以在项目结束后进行售后跟踪调查，掌握客户对所购知识产品的利用情况	1	3.68	0.955	
人力资源建设层面		G1	注重人才招聘，具备完整的人才引进、考核系统	1	3.63	0.964	0.431
		G2	有着完善的人才晋升选拔制度	1	3.57	1.024	
		G3	公司对员工的在职培训和学习非常重视	1	3.70	0.952	
		G4	经培训后，员工所提项目改进方案数量及被公司采纳的建议数量正在逐步增加	1	3.76	3.532	
		G5	公司为不同教育程度、专业素养的员工编制不同的培训计划和课程项目	0	3.34	1.071	
企业文化层面	知识共享	H1	公司员工对知识共享有很强的参与感	0	3.44	0.953	0.872
		H2	员工开会时可以毫无顾忌地发言，不会可以回避争议性问题	0	3.18	1.035	
		H3	公司高层积极倡导知识共享的文化	0	3.70	1.001	
	知识创新	H4	公司鼓励员工进行探索和试验，容许员工尝试失败	0	3.48	1.046	
		H5	鼓励团队或个人的知识创新活动	0	3.69	1.003	
		H6	详细记录每次知识创新的过程	2	3.39	0.971	
	知识保护	H7	公司尊重并保护个人资料	2	3.75	0.856	
		H8	公司重视保护个体员工头脑中的知识	1	3.63	0.991	
		H9	公司注重知识保护技术的利用，如外网限制	1	3.93	0.984	
	公共关系	H10	公司与金融机构的联系很密切	0	3.95	0.776	
		H11	公司与政府部门的联系很密切	0	3.96	0.785	
		H12	公司与行业协会的联系很密切	1	3.97	0.816	

从以上针对预调查问卷的统计分析情况可以得出以下结论：

（1）评估假设指标 A3、A5、B5、C4、C5、D3、E6、F2、H6、H7 的缺失值较多，缺失值比较多说明被访者对问题存在疑问；另外 A2、A3、B5、D1、E1、F4、H10、H11、H12 的标准差过小，标准差过小说明问题在不同被访者之间难以体现差异。在正式问卷中著者选择性删除了上述这些缺失值过大及标准差过小的评估假设指标。

（2）可知预调查问卷的整体信度系数❶为 0.947，可靠性良好，但是问题共 65 个，一般来讲检验用问卷应该是问题数目的 7~8 倍，因此整体信度数据并不可靠，只能分构念检验。通过信度分析可以判断 B 类和 G 类的信度系数较低，分别为 0.548 和 0.431，所以著者在设定正式调查问卷时将这两大类予以剔除。

6.2.2 评估假设指标的最终调查

经过预调查问卷的信度及效度分析后，著者将问卷原有的 65 个题目压缩至 50 个，并重新制定题目编号（最终问卷的样式见附录二）。著者利用"问卷星"专业在线问卷调查网站❷，并以中小型咨询企业为主要调查对象进行问卷发放。发放的对象包括新华信国际信息咨询（北京）有限公司、北京宏道大略管理咨询有限公司、北京开卷信息技术有限公司、北京西杰优胜管理咨询有限公司、北京普罗米斯信息咨询有限公司、北京清雪市场研究有限公司等20 余家中小型管理咨询企业以及中国移动通信北京分公司发展战略部、吉林

---

❶ 信度指标的量化值称为信度系数。信度系数越大，表明测量的可信程度越大，但也无法期望两次测验结果完全一致。信度除受测验质量影响外，亦受很多其他受测者因素的影响，故没有一份测验是完全可靠的。不同研究者对信度系数的界限值有不同的看法，一般 0.60~0.65 认为不可信；0.65~0.70 认为是最小可接受值；0.70~0.80 认为相当好；0.80~0.90 就是非常好。因此，一份信度系数好的量表或问卷最好在 0.80 以上，0.70~0.80 之间还算是可以接受的范围；分量表最好在 0.70 以上，0.60~0.70 之间可以接受。若分量表的内部一致性系数在 0.60 以下或者总量表的信度系数在 0.80 以下，应该考虑重新修订量表问卷或增删题目。

❷ 文本所使用的网上调查问卷的地址为 http://www.sojump.com/jq/606786.aspx。

省交通银行金融研究中心、深圳市图书馆参考咨询中心等10余家具备咨询研究功能的企业职能部门或行政事业部门。

著者共获得网填问卷347份，其中有效问卷274份，有效率为79%。问卷来自国内15个省、自治区、直辖市以及美国、日本两国。

此次问卷的网填地址几乎都在我国东部的沿海发达地区以及河南、山西、陕西三个中部省份，和吉林一个东北省份，广大西部地区仅有新疆一个。可以说这和目前我国管理咨询市场的地区发展成熟情况不谋而合。再看问卷来源的具体统计情况，见表22和表23。

表22 问卷来源统计

问卷来源	数量	百分比（%）
北京	211	60.81
河南	69	19.88
山西	21	6.05
广东	10	2.88
吉林	8	2.31
上海	6	1.73
河北	5	1.44
浙江	4	1.15
山东	2	0.58
澳门	1	0.29
江苏	1	0.29
福建	1	0.29
天津	1	0.29
新疆	1	0.29
陕西	1	0.29
国外	5	1.44

表 23　调查样本人员的基本信息统计情况

人口统计变量	人数构成（%）	人口统计变量	人数构成（%）
年龄		性别	
20～25 岁	17.8	男	57.6
26～30 岁	18.9	女	42.4
31～35 岁	23.7	工作年资	
36～40 岁	18.2	3 年以下	30.5
41～45 岁	11.6	3 年以上至 5 年（含）	40.6
46 岁以上	9.8	5 年以上至 10 年（含）	20.4
文化程度		10 年以上至 15 年（含）	5.4
高中以下	18.5	15 年以上	3.1
专科	20.6	目前的职级	
本科	37.3	初级	40.9
硕士及以上	23.6	中级	43.8
		高级	15.3

根据统计情况可知，北京是此次在线调查问卷的主要来源地，占比超过 60%，数量为 211 份，其次是河南和山西两省，共计 90 份，占比大致为 26%。根据网填问卷人员样本的统计数据可以看出，年龄在 31～35 岁之间的人员占比最大，为 23.7%，其次是 26～30 岁区间段，46 岁以上的人员数量最少，仅为 9.8%。填报人员当中男性与女性占比分别为 57.6% 和 42.4%，男性填报人数多于女性大概 15 个百分点。本科学历的填报者最多，占所有填报人员数量的 37.3%，其次是硕士学历，占比为 23.6%，高中学历以下最少，为 18.5%。从工作年资上看，工作年龄为 3～5 年的人员最多，达到 40.6%，其次是工作 3 年以下的人员，为 30.5%，工作超过 15 年者，为数最少，仅为 3.1%。人员职务级别占比由高到低为中级、初级、高级，比重分别为 43.8%、40.9% 和 15.3%。

根据以上数据统计分析可以大体推断出，目前我国咨询业的从业人员有着

我国中小型咨询企业的知识管理优化研究

相对低龄但相对高学历的基本特征。

6.2.2.1 问卷最终效度

著者针对网调问卷的结果进行了效度和信度检验。首先利用因子载荷矩阵旋转法来分析问卷效度，具体分析数据见表24。

表24　网调问卷效度检验

	\multicolumn{8}{c}{Rotated Component Matrix[a]}
	\multicolumn{8}{c}{Component}
	1	2	3	4	5	6	7	8
A1				0.684			0.394	
A2							0.795	
A3				0.549			0.432	
A4								0.811
A5	0.441			0.543		0.328		
A6					0.342	0.342	0.345	0.340
B1			0.408	0.334		0.419		
B2	0.368			0.335	0.446	0.397		
B3	0.478				0.351	0.465		
B4	0.412		0.515		0.308			
B5	0.552	0.351	0.351					
B6	0.428	0.401	0.513					
C1	0.569	0.457						
C2	0.631	0.311		0.365				
C3	0.432							0.332
C4	0.496	0.383						
C5	0.523	0.465		0.347				
D1	0.640							

152

续表

Rotated Component Matrix[a]								
	Component							
	1	2	3	4	5	6	7	8
D2	0.541		0.437	0.336				
D3	0.630	0.325	0.316			0.324		
D4	0.695							
D5	0.313	0.375	0.519					
E1					0.743			
E2	0.334	0.318			0.361			0.412
E3	0.332	0.414				0.308		
E4	0.424	0.340			0.331		0.302	
F1					0.678			
F2						0.478	0.374	
F3			0.813					
F4	0.396		0.470					
F5	0.402		0.456					
G1	0.401		0.514					
G2		0.501	0.360			0.496		
G3		0.707						
G4				0.838				
G5		0.752						
H1	0.605	0.431						
H2	0.456	0.460		0.325				
H3	0.461	0.477	0.416					
H4		0.549	0.536					
H5	0.471	0.532	0.395					
I1		0.590	0.412					

续表

	\multicolumn{8}{c}{Rotated Component Matrix^a}
	\multicolumn{8}{c}{Component}
	1	2	3	4	5	6	7	8
I2	0.468	0.551						0.367
I3		0.688						
J1	0.394	0.539			0.338			
J2	0.387	0.616						
J3	0.407	0.441	0.425		0.357			
K1	0.414	0.434	0.396					
K2	0.502				0.300			
K3		0.343	0.424				0.466	

从以上数据来看，效度并不十分明显（近一半相关系数小于0.5），所以著者在预调查的基础上又剔除了一些指标假设❶，并再次进行效度检验，得出的数据见表25。

表25　修正后的网调问卷效度检验

	\multicolumn{8}{c}{Rotated Component Matrix^a}
	\multicolumn{8}{c}{Component}
	1	2	3	4	5	6	7	8
A1						0.830		
A2						0.432	0.700	
B1				0.383	0.642			
B2					0.758			
B3					0.642			
C1	0.605			0.354				
C2	0.664							
C4	0.673							

---

❶　保留下来的问卷观察指标之间的相关矩阵见附录三。

Rotated Component Matrix[a]							
Component							
1	2	3	4	5	6	7	8

	1	2	3	4	5	6	7	8
C5	0.637			0.370				
D1	0.456	0.502			0.377			
D2	0.522				0.363			
D3	0.517				0.463			
D4	0.458		0.366					
E1								0.888
E2		0.385					0.530	0.463
F3			0.858					
F4			0.532				0.410	
F5			0.648					
G2			0.425	0.496				
G3				0.724				
G5				0.673				
H1	0.466	0.525						
H2	0.481	0.367						
H3	0.462		0.437					
H4			0.498	0.503				
I2		0.618		0.352				
I3		0.599		0.495				
J2		0.640						
J3		0.627						
K1		0.610	0.414					
K2		0.606						

从以上数据值来看,修正后的网调问卷的效度虽然不是很好,但可以信赖。

6.2.2.2 问卷最终信度

在此基础之上进行信度检验,按从 A 类指标(知识获取过程)到 K 类指标（知识保护）的构念分类，各类的信度见表26。

表26 最终网调问卷信度

类目	信度分析		类目	信度分析	
A 类	Reliability Statistics		G 类	Reliability Statistics	
	Cronbach's Alpha	N of Items		Cronbach's Alpha	N of Items
	0. 568	2		0. 766	3
B 类	Reliability Statistics		H 类	Reliability Statistics	
	Cronbach's Alpha	N of Items		Cronbach's Alpha	N of Items
	0. 840	3		0. 859	4
C 类	Reliability Staistics		I 类	Reliability Statistics	
	Cronbach's Alpha	N of Items		Cronbach's Alpha	N of Items
	0. 841	4		0. 765	2
D 类	Reliability Statistics		J 类	Reliability Statistics	
	Cronbach's Alpha	N of Items		Cronbach's Alpha	N of Items
	0. 843	4		0. 792	2
E 类	Reliability Statistics		K 类	Reliability Statistics	
	Cronbach's Alpha	N of Items		Cronbach's Alpha	N of Items
	0. 559	2		0. 795	2
F 类	Reliability Statistics				
	Cronbach's Alpha	N of Items			
	0. 809	3			

可以得出除了 A 类和 E 类指标之外，其他各类的信度均良好。

根据以上关于最终调查问卷效度和信度的分析结果，可以使用结构方程模型的验证性因子分析（Confirmatory Factor Analysis，CFA），来检验著者在 5.2 节中提出的"中小型咨询企业知识管理优化模型"中的各因子和指标之间的吻合程度，从而判断该模型是否是一个好模型。

6.3　基于结构方程分析的模型检验

6.3.1　结构方程模型简介

结构方程模型（Structure Equation Modeling，SEM），也常称为结构方程分析，是基于变量的协方差矩阵来分析变量之间关系的一种统计方法，所以也称为协方差分析❶，是社会科学研究中的一个非常好的方法。

和统计学里的其他两种主要分析方法，即线性相关分析和线性回归分析相比，结构方程模型可以同时处理潜变量❷及其指标之间的关系，从而提供更佳的解决方案。这三种统计学常用分析方法的对比见表 27。

表 27　三种统计分析方法的对比

方　法	具体内容
线性相关分析	线性相关分析指出两个随机变量之间的统计联系。两个变量地位平等，没有因变量和自变量之分。因此相关系数不能反映单指标与总体之间的因果关系
线性回归分析	线性回归是比线性相关更复杂的方法，它在模型中定义了因变量和自变量。但它只能提供变量间的直接效应而不能显示可能存在的间接效应。而且会因为共线性的原因，导致单项指标与总体出现负相关等无法解释的数据分析结果

---

❶　侯杰泰，温忠麟，成子娟. 结构方程模型及其应用［M］. 北京：科学教育出版社，2004：12.
❷　社会、心理、历史研究中往往会涉及很多不能被准确、直接地测算出来的变量，我们将这种变量称为潜变量（latent variable），如管理水平、学习动机、家庭社会经济地位等。

方　法	具体内容
结构方程模型	结构方程模型是一种建立、估计和检验因果关系模型的方法。模型中既包含有可观测的显在变量，也可能包含无法直接观测的潜在变量。结构方程模型可以替代多重回归、通径分析、因子分析、协方差分析等方法，清晰分析单项指标对总体的作用和单项指标间的相互关系

目前可以处理 SEM 的统计应用软件主要有 LISREL, AMOS, EQS, Mplus 等。

6.3.2　结构方程模型的结构

简单讲结构方程模型可分为测量方程（measurement equation）和结构方程（structure equation）两部分。前者描述指标与潜变量之间的关系，如家庭收入等指标与社会经济地位的关系，某几门科目的考试成绩与学业成就的关系；后者则是描述潜变量之间的关系，如社会经济地位与学业成就的关系。

6.3.2.1　测量模型

对于指标与潜变量（例如，著者所提出的中小型咨询企业知识管理优化模型中，咨询企业的知识获取过程、知识转移过程等指标与咨询企业内部知识运动中知识含量的多少这一因子；咨询企业组织结构的选择、企业文化的建设等指标与咨询企业组织整合能力这一因子）之间的关系，通常写成如下测量方程：

$$x = \Lambda_x \xi + \delta$$

$$y = \Lambda_y \eta + \varepsilon$$

其中　x ——外源指标（如咨询企业的知识获取过程）组成的向量；

　　　y ——内生指标（如咨询企业组织结构的选择）组成的向量；

　　　Λ_x——外源指标与外源潜变量之间的关系（如咨询企业的知识获取过程与咨询企业内部知识运动中知识含量多少的关系），是外源指标在外源潜变量上的因子负荷矩阵；

158

$\mathbf{\Lambda_y}$——内生变量之间的关系（如咨询企业组织结构的选择与咨询企业的组织整合能力的关系），是内生指标在内生潜变量上的因子负荷矩阵；

ξ ——外源潜变量（如咨询企业的组织整合能力）；

η ——内生潜变量（如咨询企业内部知识运动中知识含量的多少）；

δ ——外源指标 x 的误差项；

ε ——内生指标 y 的误差项。

6.3.2.2　结构模型

对于潜变量之间（如咨询企业的组织整合能力和内部知识运动中知识含量的多少）的关系，通常写成如下结构方程：

$$\eta = B\eta + \mathit{\Gamma}\xi + \zeta$$

其中　B——内生潜变量间的影响（如咨询企业内部知识运动中知识含量的多少对其他内生潜变量的影响）；

$\mathit{\Gamma}$——外源潜变量对内生潜变量的影响（如咨询企业的组织整合能力对咨询企业内部知识运动中知识含量多少的影响）；

ζ——结构方程的残差项，反映了在方程中未能被解释的部分。

潜变量间的关系，即结构模型，通常是研究的兴趣重点，所以整个分析也称结构方程模型。

6.3.2.3　结构方程模型包含的统计方法

结构方程模型包括测量模型（因子与指标的关系）和结构模型（因子间的关系）。若各因子可以直接测量（因子本身就是指标），则结构方程分析就是回归分析。若只考虑因子之间的相关（以双向弧形箭头表示），而不考虑因子之间的因果效应（以单项直线箭头表示），即没有结构模型这部分，则结构方程模型就是因子分析。此时若要检验数据是否符合某个预先设定的先验模型，结构方程模型便成为验证性因子分析（但也可以用结构方程模型做一般探索性因子分析）。结构方程分析可以解决很多问题，例如利用验证性因子分析检验各观察变量（如调查问卷题目）的因子结构与构想中的情况是否符合。

在验证性因子分析中，因子（潜变量）没有外源与内生之分。针对文本问卷，著者选择使用验证性因子分析法，所以问卷中所涉及的中小型咨询企业知识管理优化评估指标其实并不存在外源潜变量与内生潜变量之分。

6.3.2.4 针对效度修正后的网调问卷数据的结构方程分析

利用结构方程模型分析软件 LISREL，输入程序如下：

"DA NI = 31 NO = 274 MA = KM KM FU

已经修正过效度的网调问卷的各观察指标的相关矩阵❶

MO NK = 1 NY = 31 NE = 11 PS = DI，FR TE = DI，FR GA = FU，FR

PA LY

2（10000000000）

3（01000000000）

4（00100000000）

4（00010000000）

2（00001000000）

3（00000100000）

3（00000010000）

4（00000001000）

2（00000000100）

2（00000000010）

2（00000000001）

Path Diagram OU MI SS SC"，得到模型如图 47 所示。

---

❶ 见附录三。

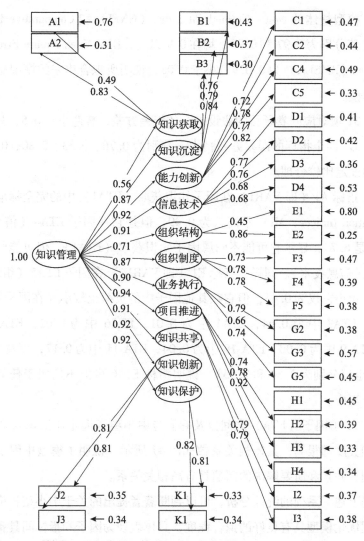

Chi-Square=1134.64，df=423，P-value=0.00000，RMSEA=0.079

图 47　中小型咨询企业知识管理中的知识要素与指标联系模型❶

依据 LISREL 计算的结果可以得出以下结论：

---

❶　在中小型咨询企业的知识管理中，从知识获取到知识保护为 11 项因子，A1～K2 为 31 项指标，具体参见附录二。

(1) 模型整体的 Non – Normed Fit Index（NNFI）和 Comparative Fit Index（CFI）的值分别为 0.97 和 0.98，均在 0.9 以上；Root Mean Square Error of Approximation（RMSEA）为 0.079，小于 0.08，说明所拟合出来的模型是一个比较好的模型。

(2) 31 项对应问卷题目的假设指标的误差方差，普遍小于 0.5，只有 A1、D4、E1、G3 四个指标的误差方差稍大，分别为 0.76、0.53、0.80、0.57，说明指标的设定比较合理。

(3) 指标 A1（即 VAR1）在因子知识获取（ETA1）中的完全标准化负荷（Modification Indices，MI）不高，为 0.49，但是它在因子 ETA4（信息技术）中的 MI 是 6.73，显示它可能不归属因子知识获取（ETA1），但可能归属于因子 ETA4（信息技术）。同样，指标 E1（即 VAR14）在因子 ETA5（组织结构）的负荷比较小，仅为 0.45，但它在其他因子中的负荷也较小（在因子 ETA1 中为 0.33，ETA3 中为 0.64，ETA4 中为 0.01，ETA6 中为 0.02，ETA 7 中为 0.03，ETA 9 中为 0.00，ETA 10 中为 0.04，ETA 11 中为 0.17，而在 ETA2 和 ETA8 中也仅分别为 3.54 和 2.95），说明指标 E1 有可能不从属于任何所列的一个因子当中。

(4) 11 项因子（ETA）之间以及它们与中小型咨询企业知识管理（KSI）之间的相关度都很高，具体相关系数如图 47 所示，说明了模型中因子的选择科学合理，并且和所要解决的问题具有高相关关系。

根据上述一系列的统计分析，可以判断著者提出的关于中小型咨询企业的知识管理优化模型具有良好的拟合程度，具体表现为因子和指标间具备较好的因子负荷，因子和所要解决的问题相关紧密。该模型可以为我国众多的中小型咨询企业在尝试提高企业自身的知识管理水平的时候，提供科学的理论指导和参考借鉴。

小结：本章构建了中小型管理咨询企业知识管理评估体系，设置知识管理优化模型的假设指标。系统阐述说明了构建评估模型的简明性、系统性、可比性、可操作性和定量结合定性原则，并对模型所采用的李克特（R. A. Likert）

量表形式的调查研究方法进行了详细介绍说明。利用统计学方法，通过对预调查问卷进行修正后得出最终问卷，并再次利用统计工具对回收的最终问卷展开统计分析，得出中小型管理咨询企业知识管理活动中的主要影响因素以及各因素之间的关联情况，为企业知识管理工作的部署开展提供必要的参考。

第7章 研究结论与展望

7.1 研究结论

信息网络化时代下，企业之间的竞争已经不单单局限于资金、土地、劳动力等相对原始的生产资料范围，而是逐步拓展到对知识的管理能力和应用能力上来。企业知识管理是通过融合信息技术和高效的企业流程来获取、储存并实施企业组织知识的过程，其直接目的是在正确的时间将可利用的知识传递给恰当的组织或个体，并帮助展开知识实施利用，其最终目标是通过对知识的获取、加工、创新、再造、利用来提高企业自身的表现力和竞争力。而咨询服务是典型的通过直接向用户提供知识来进行服务的。随着市场经济的不断发展，企业在形成核心竞争力和进行管理变革方面的要求越来越高，企业急需具有战略规划经验、现场管理经验、市场营销策划经验的人才。而往往有时候企业的高薪都无法聘请到或者留下这些精通企业管理运作的人才，但是社会分工却促发形成了以知识服务为特征的咨询顾问公司或企业。它们对社会的贡献是为其他企业提供专业知识服务，这也是它们自己的生存基础。这个行业的经营特征是通过对外的知识输出来体现自身的存在价值。

为此，本书主要针对中小型咨询企业的知识管理优化活动展开系统的研究。文章首先对知识管理的内涵、意义，咨询企业实施开展知识管理活动的组织能力、层次以及研究所需借鉴的相关理论进行分析与总结；其次，基于知识获取、知识转移、知识沉淀、知识创新等知识运动过程中知识形态变化所依照的规律，知识的自身属性特征以及咨询企业的组织整合行为和能力，提出适用于中小型咨询企业的知识管理优化模型；然后设计模型的评估指标假设，并发放预调查和最终调查问卷；最后，根据最终调查问卷的统计情况，分析得出中小型咨询企业知识管理优化模型中起主导成分的因子有哪些以及各因子之间的相互影响关系，从而提出针对中小型咨询企业知识管理的优化方案。

著者通过上述内容的系统研究，可以得出以下结论：

（1）咨询企业知识管理的业务特点包括咨询企业的核心产品就是知识自身；咨询企业知识管理强调最佳实践的使用和专家知识共享；能够促发咨询企业内部系统生成知识的问题主要来源于外部客户；咨询业的生产过程就是知识管理过程。

（2）影响咨询企业选择项目化结构的主要因素来自于项目自身特点，如项目的规模、费用、周期、复杂程度、资源的可获得性等，除此之外，还要考虑项目管理组织的实践经验、上层管理者的经营理念和洞察力等。另外，项目与母体的关系也应列入考虑之中。

（3）中小型咨询企业知识管理优化应包含两个层面：知识的生产运动层面和企业的组织整合层面。前者是基于知识运动所遵循的自身存在规律和形态、形式的变化特征考虑知识管理因素，而后者是从企业自身的组织整合管理能力出发，考虑如何将企业打造成有利于开展实施知识管理活动的学习型组织。

（4）根据预调查问卷统计分析结果可知，关于知识转移过程和人力资源建设层面的相关问题假设的信度较低，如需继续深入研究需要重新制定假设题目。

（5）通过使用 SPSS 和 LISEL 软件，对文本所提出的中小型咨询企业知识管理优化模型进行结构方程模型分析后，可以判断该模型的拟合程度良好，因子和指标间具备较好的因子负荷，因子和所要解决的问题相关紧密。

7.2　研究展望

咨询企业的知识管理是一个比较前沿的研究课题，不论是学界还是处于实践第一线的企业界，对于此课题的研究和实践探索均处于起步阶段。由于咨询企业的核心竞争力取决于企业对知识的综合管理能力，如对外部知识的获取能力和对内部知识的加工转化能力等，而且知识管理能力水平的高低对于行业发展的快慢、社会进步步伐的大小、助推经济跃升程度的高低均有着密切的关系，所以对于咨询企业知识管理活动的研究必然会随着时间的推移而渐入佳境。

本书的研究内容比较新颖、视角比较独特，但由于著者掌握的分析方法和所具备的能力有限，加之可参考借鉴的相关或相近的研究成果较少，以致著者在针对某些问题的研究上还不够深入，依然存在诸多的不足之处。譬如，对于中小型咨询企业知识管理优化模型的评估指标，即评估题目的假设有待进一步合理化；没有提出针对中小型咨询企业知识管理工作的保障机制；缺乏有关知识管理活动的相关法律法规的研究；没有给出评价咨询企业知识管理工作绩效的方法模型；欠缺针对发生于咨询企业知识转移过程中所含知识流量的计量研究等。

然而，通过著者的尝试性研究，或将对后续相关课题的进一步深入探索论证提供一些启示和参考，而这些启示也恰恰是著者所思考的在今后相当时期内的主要研究方向。

小结：本章归纳了本书的研究成果，总结成果的实用性与局限性，指出了在后继的研究工作中需要特殊注意的问题，展望了进一步的研究空间。

参考文献

[1] 商弘，章飞军. 我国学生评教量表改进研究 [J]. 民办高等教育研究，2008（4）.

[2] 沈汪兵. 自我概念量表的验证性因素分析——以初中生为例 [J]. 心智与计算，2009（2）.

[3] 王维维，迟立忠，周湘文. 运动员应对效能量表的研制及应用 [J]. 天津体育学院学报，2010（6）.

[4] 赵必华，顾海根. 心理量表编制中的若干问题及题解 [J]. 心理科学，2010（6）.

[5] 胡文彬. 企业管理人员工作压力量表的编制及应用 [J]. 职业与健康，2010（2）.

[6] 姜峰，张淑媛. 大学生自我评价量表的编制及信效度检验 [J]. 中国健康心理学杂志，2002（15）.

[7] 龙飞，戴昌钧. 组织知识创新管理基础的结构方程分析与实证 [J]. 科学学研究，2010（12）.

[8] 李学娟，陈希镇. 结构方程模型下的因子分析 [J]. 科学技术与工程，2010（23）.

[9] 黄玲，翟丽丽. 关于结构方程模型在旅游业中满意度方面的应用 [J]. 现代营销（学苑版），2010（12）.

[10] 冯丽云，李琳琳，吴迪. 结构方程模型在放射工作人员压力与健康关系中的应用 [J]. 中国职业医学，2010（6）.

[11] 余耀东，李景勃. 企业外部治理环境对内部治理机制的影响——基于结构方程模型的实证研究 [J]. 贵州大学学报（社会科学版），2010（5）.

[12] 陶玉国，赵会勇，李永乐. 基于结构方程模型的城市旅游形象影响因素测评 [J]. 人文地理，2010（6）.

[13] 王长义，王大鹏，赵晓雯，等. 结构方程模型中拟合指数的运用与比较 [J]. 现代预防医学，2010（1）.

［14］付会斌，孔丹莉，潘海燕，等. 非线性结构方程模型的研究进展［J］. 中国卫生统计，2010（1）.

［15］方敏，黄正峰. 结构方程模型下非正态数据的处理［J］. 中国卫生统计，2010（1）.

［16］赵夫明，王学臣，胡云江. 结构方程模式在心理学研究中的适用性评价［J］. 重庆科技学院学报（社会科学版），2010（2）.

［17］俞立平，潘云涛，武夷山. 基于结构方程的学术期刊评价研究［J］. 情报学报，2010（1）.

［18］杨彤骥，杨红玉，王新海. 结构方程模型的比较：针对用户对信息系统的接受程度［J］. 情报杂志，2010（3）.

［19］牛丽红，陈兵，师冬凌. 结构方程模型在管理研究中的应用［J］. 大众科技，2010（1）.

［20］刘岭，程迪祥，陈洪，等. 结构方程模型在综合评价中的应用［J］. 自动化与仪器仪表，2010（2）.

［21］陈学涛，张萍，李初民，等. 基于结构方程模型的市场细分方法应用研究［J］. 数学的实践与认识，2010（2）.

［22］王韬，丁杰，张进华. 企业战略绩效评价系统实证研究——基于结构方程模型［J］. 经济问题，2010（4）.

［23］陈业华，陈倩倩. 基于结构方程的中小型科技企业成长机制研究［J］. 科学学与科学技术管理，2010（4）.

［24］徐兰，方志耕. 基于结构方程的区域创新体系子系统影响程度分析［J］. 科学学与科学技术管理，2010（5）.

［25］任红梅，王緌. 两个潜变量的模糊PLS－结构方程模型算法求解［J］. 统计与决策，2010（7）.

［26］李秋香，黄毅敏. 基于结构方程的经济系统影响因子指标体系的构建［J］. 天中学刊，2010（2）.

［27］屠金路，王庭照，金瑜. 结构方程模型下多因子非同质测量合成分数的信度估计［J］. 心理科学，2010（3）.

［28］李仁德，黄国安. 基于结构方程模型的企业经济效益评价［J］. 技术与创新管理，2010（4）.

[29] 倪渊，林健. 基于结构方程模型研发团队绩效评价体系研究 [J]. 北京理工大学学报（社会科学版），2010（5）.

[30] 郭卫春，韩雷，邵仲岩. 基于结构方程的企业集群竞争力评价体系构建研究 [J]. 中小企业管理与科技（下旬刊），2010（11）.

[31] 谷晓燕. 基于结构方程模型的岗位评价研究 [J]. 中国管理科学，2009（2）.

[32] 贾跃千，宝贡敏. 结构方程模型中的构成型测量模型研究前沿探析 [J]. 外国经济与管理，2009（5）.

[33] 张岩波. 应用结构方程模型须注意的若干问题 [J]. 中国卫生统计，2009（3）.

[34] 赵学金，吴育华. 基于结构方程的知识型服务质量的评价方法 [J]. 电子科技大学学报（社科版），2009（3）.

[35] 关健，侯赞，王博强. 基于结构方程模型的我国中小企业外部生存环境评价体系研究 [J]. 科技进步与对策，2009（18）.

[36] 方敏. 结构方程模型下的信度检验 [J]. 中国卫生统计，2009（5）.

[37] 李顺会，白新荣. 结构方程模型概述 [J]. 沿海企业与科技，2009（12）.

[38] 张瑛，王惠文. 结构方程模型在系统综合评估指数中的应用 [J]. 北京航空航天大学学报（社会科学版），2008（1）.

[39] 李仁苏，蔡根女. 中小企业创业绩效影响因素：一个结构方程模型 [J]. 江苏商论，2008（2）.

[40] 徐万里. 结构方程模式在信度检验中的应用 [J]. 统计与信息论坛，2008（7）.

[41] 张林泉. 试卷质量的信度分析 [J]. 现代计算机（专业版），2010（1）.

[42] 鲍贵. 评估者之间信度分析：从理论到实践 [J]. 外语电化教学，2010（2）.

[43] 刘阳阳. 使用 SPSS 软件进行化学试卷的信度分析 [J]. 化学教学，2007（6）.

[44] 关丹丹，张厚粲，李中权. 差异分数的信度分析 [J]. 心理科学，2005（1）.

[45] 黄正南. 专家评判的信度分析 [J]. 中国卫生统计，2000（3）.

[46] 刘春鱼. 专业英语四级完形填空考点效度分析 [J]. 重庆交通大学学报（社会科学版），2010（5）.

[47] 张志颖，张子军，康凯，等. 信息系统能力模型的信度与效度分析 [J]. 情报杂志，2009（5）.

[48] 赵臣，颜菲菲. 结构方程模型在心理问卷结构效度分析中的应用 [J]. 浙江体育科

学，2008（3）.

［49］孙明，刘星伯，裴宏. 系统评估效度分析的定量化方法［J］. 装甲兵工程学院学报，
2008（3）.

［50］徐辉，高拴平. 企业人才测评与选拔的质量研究：信度与效度分析［J］. 内蒙古农
业大学学报（社会科学版），2007（5）.

［51］张兴. 虚拟学习社区的知识管理研究［J］. 软件导刊（教育技术），2010（11）.

［52］刘力平. 麦肯锡公司的知识管理［J］. 企业改革与管理，2010（10）.

［53］谷梅丽. 基于知识管理的企业信息资源开发与利用［J］. 现代情报，2010（12）.

［54］赵蓉英，许丽敏. 知识管理研究现状的可视化分析［J］. 情报理论与实践，2010
（12）.

［55］高熔. 知识管理编码化与人物化模式对图书馆参考咨询的指导意义［J］. 福建图书
馆理论与实践，2005（3）.

［56］陈梅花. 知识管理与数字图书馆服务效能的提高［J］. 高校图书情报论坛，2003
（4）.

［57］谢新. 知识管理研究浅析［J］. 高校图书情报论坛，2004（3）.

［58］杨剑平. 企业的知识管理［J］. 新疆化工，2002（4）.

［59］王文国，朱志雄. 大型企业集团网络化知识管理平台的需求特点研究［J］. 中国制
造业信息化，2010（21）.

［60］熊志云. 知识管理背景下的企业档案管理［J］. 湖北档案，2010（11）.

［61］汪建康，肖久灵. 企业知识管理审计模型比较：基线、范围与特性［J］. 情报杂志，
2010（12）.

［62］赵广琴. 基于知识管理下企业档案的开发利用［J］. 广东档案，2010（4）.

［63］赵广琴. 基于知识管理下的企业档案人员素质建设［J］. 广东档案，2010（5）.

［64］曾剑飞. 基于知识管理的学习型组织建设［J］. 达州职业技术学报，2009（Z2）.

［65］张韵君. 基于知识管理的企业管理创新［J］. 广东培正学院学报，2009（1）.

［66］茆旭川，黄琦. 浅析知识管理中的企业创新［J］. 企业与文化，2007（5）.

［67］王花丹. 浅论知识管理［J］. 企业与文化，2009（Z1）.

［68］高卫平. 知识管理——组织创新的基点［J］. 广东培正学院学报，2007（3）.

［69］贾玲，曾虹. 档案知识管理研究的定量分析［J］. 档案管理，2010（6）.

[70] 李刚. 论知识管理在工程咨询企业的应用 [J]. 中国工程咨询, 2010 (10).

[71] 李兴森, 李爱华, 张玲玲. 论知识管理研究重心的转移 [J]. 当代经济管理, 2010 (12).

[72] 刘娜. 知识管理的策略研究 [J]. 价值工程, 2010 (36).

[73] 荣威, 顾东晓, 李兴国, 等. 问卷设计知识管理中的范例推理 [J]. 数学的实践与认识, 2010 (23).

[74] 姜海宏, 王钢, 邢启. 企业知识管理的发展与重要性 [J]. 中国高新技术企业, 2010 (6).

[75] 王作铁, 余娟. 浅谈我国企业的知识管理 [J]. 商业经济, 2010 (1).

[76] 庞娟, 孙金岭. 知识管理: 企业未来竞争的核心 [J]. 中国管理信息化, 2010 (1).

[77] 李静. 我国中小企业文化建设的困境 [J]. 经济视角, 2010 (12).

[78] 翟淑莲. 更新观念加强服务实现中小企业持续发展 [J]. 探索者学刊, 2000 (3).

[79] 林炳成. 中小企业人才吸引策略 [J]. 国土资源高等职业教育研究, 2005 (3).

[80] 司连珍. 中小企业发展的多种途径 [J]. 公用事业财会, 2004 (3).

[81] 穆彩霞. 中小企业信息化方案之我见 [J]. 宁夏机械, 2003 (2).

[82] 陆瑶. 咨询企业知识管理应用探讨 [J]. 现代情报, 2010 (12).

[83] 王辉斌. 管理咨询——企业发展的翅膀 [J]. 泰州科技, 2006 (8).

[84] 董沛文. 咨询企业知识共享行为的动因分析 [J]. 经济师, 2010 (7).

[85] 张薇. 管理咨询企业成长驱动因素的实证分析 [J]. 企业经济, 2010 (9).

[86] 张薇, 王希泉. 本土管理咨询企业成长驱动因素甄别体系研究 [J]. 中国经贸导刊, 2010 (19).

[87] 司徒荣轼. 评估咨询企业核心竞争力研究 [J]. 统计与咨询, 2009 (3).

[88] 胡江凤, 史虹, 王博民. 中外管理咨询企业战略联盟构建初探 [J]. 华东经理, 2009 (6).

[89] 尚珊, 杨玲. 咨询企业核心竞争力及其构建 [J]. 情报理论与实践, 2009 (8).

[90] 孙玉兰. 中外管理咨询企业竞争力的比较分析 [J]. 科技经济市场, 2009 (10).

[91] 苗菁. 咨询企业的知识层次分析 [J]. 科技情报开发与经济, 2009 (30).

[92] 李楠. 咨询企业知识转移的路径研究 [J]. 晋图学刊, 2008 (1).

[93] 耿识博, 唐华东. 管理咨询企业向客户的知识转移研究 [J]. 中国科技产业, 2008

(6).

[94] 张丽芳. 管理咨询企业跨文化经营研究——我国管理咨询企业亦喜亦忧 [J]. 现代商贸工业, 2008 (11).

[95] 王心刚. 浅谈咨询企业的知识库建设 [J]. 山西财经大学学报 (高等教育版), 2008 (S2).

[96] 杜华伟. 论管理咨询企业的知识管理 [J]. 发展, 2007 (1).

[97] 石晶. 麦肯锡网站对我国咨询企业网络建设的启示研究 [J]. 新世纪图书馆, 2007 (1).

[98] 卢小宾. 我国咨询企业技术创新模式研究 [J]. 图书情报工作, 2007 (2).

[99] 许丁. 国外管理咨询企业的营销借鉴 [J]. 科技情报开发与经济, 2007 (11).

[100] 石晶. 咨询公司的知识创新研究 [J]. 档案学通讯, 2010 (1).

[101] 张晓蕾, 张博, 曹华林. 咨询公司知识管理推进策略 [J]. 现代企业, 2010 (5)

[102] 汪琼. 我国管理咨询公司的竞争战略探析 [J]. 商场现代化, 2010 (29).

[103] 潘习龙. 咨询公司的通病 [J]. 中国医院院长, 2010 (19).

[104] 何艳. 论中小管理咨询公司的营销策略 [J]. 科协论坛 (下半月), 2009 (2).

[105] 李淼. 我国管理咨询公司实施专一化战略的探讨 [J]. 魅力中国, 2009 (10).

[106] 周芬, 许纪校. 管理咨询公司隐性知识管理研究 [J]. 华东经济管理, 2008 (5).

[107] 王丽娟, 孔令鹏. 咨询公司的知识管理应用探讨 [J]. 图书情报工作, 2008 (2).

[108] 冷泉. 咨询公司如何有效对企业进行工作分析 [J]. 决策与信息 (财经观察), 2008 (5).

[109] 史虹, 张威威. 世界顶级管理咨询公司成长剖析与启示 [J]. 河海大学学报 (哲学社会科学版), 2007 (2).

[110] 齐铁臣. 咨询公司与客户之间知识转移的具体形式分析 [J]. 图书馆学研究, 2007 (7).

[111] 王雪莹. 咨询公司的知识管理 [J]. 科技信息 (科学教研), 2007 (26).

[112] 李静, 宋汉莘, 王浩. 面向中小企业的信息咨询公司发展研究 [J]. 科技情报开发与经济, 2007 (34).

[113] 王莲, 刘小红. 中国管理咨询公司发展现状与战略构想 [J]. 特区经济, 2006 (5).

[114] 陈兵. 对管理咨询公司的再咨询研究 [J]. 企业家天地下半月刊（理论版），2006（7）.

[115] 秦立超. 一站式咨询中小管理咨询公司持续发展及创赢之道 [J]. 科技咨询导报，2006（2）.

[116] 王亮萍. 企业信息化服务供应链模式——管理咨询公司发展趋势 [J]. 新东方，2006（9）.

[117] 毛振鹏，隋佳，伏丽霞. 争取中小客户：国内咨询公司谋求更大发展的捷径 [J]. 沿海企业与科技，2005（4）.

[118] 张云飞，胡芳. 国际管理咨询公司在中国的经营行为研究 [J]. 现代企业，2005（4）.

[119] 王涛，李巍巍. 我国中、小管理咨询公司的知识管理 [J]. 科技资讯，2005（22）.

[120] 卢振业，蔡启明. 中小型咨询公司现状分析与发展对策 [J]. 现代企业，2005（8）.

[121] 王涛，李巍巍. 我国中小管理咨询公司发展路径探析 [J]. 黑龙江对外经贸，2005（11）.

[122] 周瑞云，李彩云，纪军，等. 加强中小企业知识服务的探讨 [J]. 企业科技与发展，2010（23）.

[123] 黄汝伦. 知识服务的数学模型 [J]. 网络财富，2010（21）.

[124] 许明蓉. 知识管理与知识服务——企业档案管理部门的新任务 [J]. 科技档案，2008（2）.

[125] 吴玉. 构建面向东北地区中小企业的知识服务模式 [J]. 图书馆学刊，2010（11）.

[126] 裴彩霞，余呈先. 基于知识型组织和知识型员工的显性知识服务管理 [J]. 赤峰学院学报（自然科学版），2010（12）.

[127] 刘灿姣，黄立雄. 知识服务动力机制研究 [J]. 情报理论与实践，2010（1）.

[128] 于忠安. 知识服务与信息服务辨析 [J]. 农业图书情报学刊，2010（4）.

[129] 李晓鹏，颜端武，陈祖香. 国内外知识服务研究现状、趋势与主要学术观点 [J]. 图书情报工作，2010（6）.

[130] 知识组织与知识服务学术研讨会顺利召开 [J]. 情报理论与实践，2010（7）.

[131] 梁冬青. 提高企业文化执行力的探讨 [J]. 经济师，2010（12）.

[132] 李静. 我国中小企业文化建设的困境 [J]. 经济视角, 2010 (12).

[133] 纪光欣. 企业文化：技术创新的导航系统 [J]. 企业改革与管理, 2010 (10).

[134] 何晓阳. 品牌经营管理理念和企业文化 [J]. 现代焊接, 2002 (5).

[135] 韩永廷. 试论我国企业文化建设 [J]. 蚌埠党校学报, 2003 (2).

[136] 井道龙. 浅谈企业文化建设 [J]. 蚌埠党校学报, 2005 (4).

[137] 蒋新. 企业文化与机制建设刍议 [J]. 供电企业管理, 2003 (3).

[138] 杜秀杰. 企业文化建设初探 [J]. 供电企业管理, 2005 (1).

[139] 胡秋林, 惠长江. 企业化经营与企业文化建设 [J]. 国土资源高等职业教育研究, 2003 (1).

[140] 张光英. 试论企业文化建设应遵循的几种规范 [J]. 涟钢科技与管理, 2001 (6).

[141] 成刚. 企业文化的辨别 [J]. 企业与文化, 2005 (2).

[142] 李大伟. 关于加强企业文化创新的几个问题 [J]. 企业与文化, 2005 (6).

[143] 华卫阳. 企业文化与企业质量管理 [J]. 水运科学研究所学报, 2004 (3).

[144] 杨军. 企业文化创新的策略 [J]. 武汉电力职业技术学院学报, 2004 (2).

[145] 余宇新, 刘帮成. 中小企业的企业文化建设与人力资源管理 [J]. 人力资源, 2002 (2).

[146] 钟孟光, 陈恬立. 企业文化的力量 [J]. 新资本, 2004 (1).

[147] 李自鹏. 组织结构网络化和内部沟通立体化 [J]. 经济研究导刊, 2010 (23).

[148] 史超. 企业组织结构的拟人化 [J]. 中小企业管理与科技 (下旬刊), 2010 (12).

[149] 顾文辉, 乔晓楠. 企业组织结构调整的实践与思考 [J]. 网络财富, 2010 (15).

[150] 阿依古丽·阿布都热西提. 企业战略与组织结构的关系研究 [J]. 知识经济, 2010 (15).

[151] 韩焕法. 知识型企业组织结构的创新分析 [J]. 现代商贸工业, 2010 (17).

[152] 刘宏伟. 中小企业的组织结构设计 [J]. 纺织服装周刊, 2010 (33).

[153] 杨春涛. 浅谈国企实施组织结构扁平化的难点与对策 [J]. 金融经济, 2010 (20).

[154] 王东才. 企业组织结构的趋同化现象分析 [J]. 现代管理科学, 2010 (11).

[155] 赵暑生. 试论现代项目管理的发展趋势 [J]. 铁道工程企业管理, 2004 (1).

[156] 钱寅星. 浅谈项目管理标准化 [J]. 铁道工程企业管理, 2005 (5).

[157] 南敏. 项目管理应克服短期化行为 [J]. 铁道工程企业管理, 2005 (6).

[158] 李志义. 加强项目管理的战略思考 [J]. 铁道工程企业管理, 2002 (1).

[159] 程铁信, 陈美. 项目管理中的知识转移影响因素实证研究 [J]. 管理评论, 2010 (12).

[160] 江涌. 项目管理创新 [J]. 陕西建筑, 2010 (1).

[161] 朱莺. 并购后企业组织整合新模式研究——基于模块化理论的分析 [J]. 华东理工大学学报 (社会科学版), 2010 (5).

[162] 吴家喜, 吴贵生. 内部组织整合与新产品开发绩效关系的实证研究: 以产品创新程度为调节变量 [J]. 软科学, 2009 (3).

[163] 吴家喜, 吴贵生. 组织整合与新产品开发绩效关系实证研究: 基于吸收能力的视角 [J]. 科学学研究, 2009 (8).

[164] 张倩. 知识管理与学习型组织整合阶段的划分 [J]. 科技进步与对策, 2008 (8).

[165] 王力民. 基于知识联盟的集群企业知识创新动力机制研究 [J]. 情报科学, 2009 (27): 45 – 49.

[166] 卢兵, 岳亮, 廖貅武. 企业通过联盟进行隐性知识转移的三阶段模型 [J]. 管理工程学报, 2008 (1): 16 – 23.

[167] 周朴雄, 余以胜. 面向知识联盟知识创新过程的信息资源组织研究 [J]. 情报杂志, 2008 (9): 63 – 65.

[168] 范晓春. 知识联盟中的知识共享模式研究 [D]. 吉林大学, 2008.

[169] 汤中彬, 张少杰, 孙康慧. 管理咨询服务知识转移过程研究 [J]. 情报杂志, 2008 (11): 127 – 129.

[170] 史虹, 胡江凤, 杨文斌. 管理咨询研究文献的综述与分析 [J]. 商场现代化, 2007 (5): 42 – 44.

[171] 陈芳. 管理咨询服务中知识转移的影响因素 [J]. 理论与探索, 2007 (4): 460 – 462.

[172] 黄德毅. 万江平. 基于SECI的软件需求获取过程中知识转移模式研究 [J]. 科学学与科学技术管理, 2006 (11): 77 – 81.

[173] 李一楠. 隐性知识管理研究综述 [J]. 情报杂志, 2007 (8): 60 – 63.

[174] 郭春侠, 马费成, 储节旺. 国内外知识转移研究述评 [J]. 情报理论与实践, 2008 (3): 466 – 470.

我国中小型咨询企业的知识管理优化研究

［175］张少杰，汤中彬，曲晨竹. 管理咨询服务知识转移模式研究［J］. 情报科学，2008，26（4）：617－624.

［176］伍慧春. 信息分析在科技查新中的作用［J］. 中国科技信息，2007（11）.

［177］田树林. 我国信息分析活动现状及其发展对策研究［J］. 现代情报，2008（3）：92－94.

［178］董沛文. 浅析信息分析工作的现状及发展趋势［J］. 现代情报，2007（3）：60－62.

［179］于忠安. 知识服务与信息服务辨析［J］. 农业图书情报学刊，2010，22（4）：230－233.

［180］张晓林. 走向知识服务：寻找新世纪图书情报工作的生长点［J］. 中国图书馆学报，2000（5）.

［181］靳红，程宏. 图书馆知识服务研究综述［J］. 情报杂志，2004（8）.

［182］陈高潮. 图书馆的知识服务［J］. 河南图书馆学刊，2002，22（3）.

［183］罗彩冬，靳红，杨咏梅，等. 高校图书馆开展知识服务的运营思路和方式之探讨［J］. 高校图书情报，2004，23（11）.

［184］田红梅. 试论图书馆从信息服务走向知识服务［J］. 情报理论与实践，2003（4）.

［185］刘秀兰. 谈图书馆深入开展知识服务［J］. 现代情报，2004（2）.

［186］戚建林. 论图书情报机构的信息服务与知识服务［J］. 河南图书馆学刊，2003，23（2）.

［187］于忠安，知识服务与信息服务辨析［J］. 农业图书情报学刊，2010，22（4）：230－233.

［188］马费成，王晓光. 知识转移的社会网络模型研究［J］. 江西社会科学，2006（7）：38－44.

［189］唐炎华，石金涛. 国外知识转移研究综述［J］. 情报科学，2006（1）：153－160.

［190］张永宁，陈磊. 知识特性与知识转移研究综述［J］. 中国石油大学学报：社会科学版，2007，23（1）：64－67.

［191］Duanmu J L, Fai F M. A processual analysis of knowledge transfer: from foreign MNEs to Chinese suppliers［J］. International Business Review, 2007（16）：449－473.

［192］Wang P, et al. An integrated model of knowledge transfer from MNC parent to China subsidiary［J］. Journal of World Business, 2004（39）：168－182.

［193］Yakhlef A. Knowledge transfer as the transformation of context［J］. Journal of High Technology Management Research, 2007（18）：43－57.

[194] Nomura T. Design of " Ba" for Successful Knowledge Management – how Enter – prises Should Design the Places of Interaction to Gain Competitive Advantage [J]. Journal of Network and Computer Application, 2002 (25): 263 – 278.

[195] Malin Brannback. R&D Collaboration: Role of Ba in Knowledge Ecreating Net – works [J]. Knowledge Management Research & Practice, 2003 (1): 28 – 38.

[196] Wiig K. Knowledge Management Foundations [M]. Arlington: Schema Press, 1993.

[197] Nonaka I, Toyama R. A Firm as a Dialectic Being: Toward the Dynamic Theory of The Firm [J]. Industrial and Corporate Change, 2002 (11): 995 – 1109.

[198] Scharmer C O. Self – transcending Knowledge: Sensing and Organizing Around Emerging Opportunities [J]. Journal of Knowledge Management, 2001 (5): 137 – 150.

[199] Hall R, Andriani P. Managing Knowledge Associated with Innovation [J]. Journal of Business Research, 2003, 56: 145 – 152.

[200] Knowledge Research Institute, Inc. The Personal Knowledge Evolution Cycle. http: // www. knowledgeresearch. com \ articles. htm, 1999.

[201] Von Krogh, IkujiroNonaka, Manfred Aben. Making the Most of Your Company's Knowledge: A Strategic Framework [J]. Long Range Planning, 2001 (34): 421 – 439.

[202] Mireille Merx – Chermin, Wim J. Nijhof. Factors Influencing Knowledge Creation and Innovation in an Organization [J]. Journal of European Industrial Training, 2005, 29 (2): 135 – 147.

[203] Sharman Lichtenstein, Craig M Parke. Collaborative Knowledge Creation in Electronic Mail [J]. International Journal of Knowledge and Learning, 2006, 2 (3 – 4): 279 – 297.

[204] http: //trend. cnki. net/trendshow. php? searchword = % E7% 9F% A5% E8% AF% 86% E8% BD% AC% E7% A7% BB.

[205] Szulanski G. Exploring Internal Stickiness: Impediments to the Transfer of Best Practice within the Firm [J]. Strategic Management Journal (special issue), 1996 (17): 27 – 44.

[206] Davenport T H, Prusak L. Working Knowledge: How Organizations Manage What They Know [M]. Boston: Harvard Business School Press, 1998: 50 – 52.

[207] Dixon N M. Common Knowledge: How Companies Thrive by Sharing What They Know [M]. Boston: Harvard Business School Press, 2000: 78 – 79.

[208] Argote L, Ingram P. Knowledge Transfer: A Basis for Competitive Advantage in Firms [J]. Organizational Behavior and Human Decision Processes, 2000, 82 (1): 150 – 169.

[209] Nonaka, Takeuchi. The Knowledge – Creating Company [M]. New York: Oxford University Press, 1995: 23 – 46.

[210] Szulanski G. The Process of Knowledge Transfer: a Diachronic Analysis of Stickiness [J]. Organizational Behavior and Human Decision Processes, 2000, 82 (1): 9 – 27.

[211] Gilbert, Cordey – Hayes. Understanding the Process of Knowledge Transfer to Achieve Successful Technological Innovation [J]. Technovation, 1996, 16 (6): 301 – 312.

[212] Doz Y L. The Evolution of Cooperation in Strategic Alliances: Initial Conditions or Learning Processes [J]. Strategic Management Journal (Summer Special Issue), 1996 (17): 55 – 83.

[213] Hamel G. Competition for competence and interpartner learning within international strategic alliances [J]. Strategic Management Journal, 1991 (12): 83 – 103.

[214] Allee V. The knowledge evolution: expanding organizational intelligence [M]. Boston: Butterworth – Heinemann, 1997.

[215] Ikujiro Nonaka. The knowledge creating company [M]. Oxford: Oxford University Press, 1991.

[216] Durcker P F. The New Productivity Challenge [J]. Harvard Business Review, 1991: 11 – 12.

[217] Nicoline Jacoby Petersen, Flemming Poulfelt. Knowledge Management in Action: A Study of Knowledge Management in Management Consultancies [J]. Developing Knowledge and Value in Management Consulting. London, 2002 (2).

[218] Miguel Baptista Nunes, Fenio Annansingh, Barry Eaglestone, et al. Knowledge management issues in knowledge – intensive SMEs [J]. Journal of Documentation, 2006, 62 (1): 101 – 119.

[219] Davenport Thomas H, Prusak Laurence. Working Knowledge: How Organizations Manage What They Know [M]. Boston: Harvard Business School Press, 1998.

附　录

附录一　预调查问卷

尊敬的先生/女生：您好！

　　本问卷调查的对象是咨询公司、企业中从事知识管理工作的相关人员。调查目的是想掌握了解咨询公司、企业内部进行信息收集、编码、储备、知识转移、知识共享等一系列知识管理流程运作能效的众多影响因素以及各因素的影响度关系，并在此基础上提出符合中小型咨询企业实际发展需要的知识管理优化模型。

　　本调查不涉及个人隐私，调查结果仅用于有针对性的学术论文研究，请您按照公司实际情况和自己的真实想法回答问题。我们将严格遵守统计法，对您的信息给以保密。非常感谢您的支持与合作！

　　知识管理优化是指以生产高知识含量产品（如企业管理咨询、技术咨询、金融证券、知识产权交易、财务审计、生产管理与质量管理、人力资源开发与管理、市场营销等）的企业，在企业生产运作过程中，为了提高企业自身知识信息的采集、储存、知识加工、知识再造、知识创新、知识转移能力的知识管理系统效能的方法、策略以及实施过程的总称。

		第一部分：基于知识的生产和运动层面的企业知识管理优化 知识生产及知识运动过程指知识或信息在企业内、外部进行生产、流通、交换的全过程，是从知识运动角度对于企业知识管理优化进行考量。具体过程包括知识的收集储备过程、知识的生产过程、知识重组再造过程、知识创新过程、知识沉淀过程以及知识的转移共享过程等 请您根据贵公司的实际情况，在适当的方格内打"√"	非常符合 5	符合 4	无意见 3	不符合 2	非常不符合 1
知识获取过程	A1	有项目所需信息知识的可持续获取来源，如年报、专家系统、网络数据库、书籍等					
	A2	公司将各种知识用文字化方式记录下来，转换为工作手册或数据库、知识库等					
	A3	公司内的知识组织活动具有标准化的特征（如统一的内部文件管理体系、标准化的知识记录）					
	A4	公司的核心知识大部分存在于个别员工身上					
	A5	公司注重从员工的工作中总结吸收知识以及从商业伙伴处借鉴知识					
	A6	公司的核心知识大部分存在于数据库（案例库、专家库等）中					
知识转移过程	B1	出售给客户的知识产品（如行业报告、审计报表、管理流程系统）的价位适中					
	B2	公司的咨询产品中包含的信息知识（如行业报告、企业刊物等）与客户本身所掌握的信息知识具有比较高的重叠					
	B3	公司具有体系较完备的企业档案信息管理系统，如人事系统、财务系统、业务系统等					
	B4	公司在扩散知识时主要是依靠数据库所包含知识的转移来实现知识的传递与转移					
	B5	有完善的程序和渠道将知识传递至企业的各个部门和个人，如 OA 系统、邮件系统等					
	B6	公司对知识共享好处的考虑超过对成本的考虑，例如建立公司内部开放式案例库、客户查询系统等知识共享硬件都需要公司投入较高成本					

			非常同意	同意	无意间	不同意	非常不同意
知识沉淀过程	C1	有按行业分类或按项目分类编制的比较系统、完善的知识索引，方便查询某一主题范围内的知识内容					
	C2	公司编制有可以按关键词、主题词或企业名称等内容进行检索查找的知识摘要					
	C3	公司具备筛选、过滤知识的执行程序，能够迅速提取有用的知识信息，排除干扰信息项					
	C4	有清晰的客户知识（包括客户信息、客户提出的建议等）的分类程序，如 CRM 系统					
	C5	公司有清晰的生产（业务）流程知识分类程序					
	C6	管理人员经常检查核对企业文档、数据库、知识库内容，以避免错误的产生					
知识创新过程	D1	公司具备利用知识发展新产品（服务）的基本能力					
	D2	公司能从以前的项目汲取经验并将其应用到新的项目中					
	D3	公司积极应用已有的知识创造新知识					
	D4	通过招聘新的员工获取新的知识					
	D5	善于从错误或过去的经验中学习新的知识					
	D6	公司能够有效应用知识解决新问题					

第二部分：基于企业组织整合层面的知识管理优化

这里的"企业组织整合"指企业存在的整体构成情况，包括企业的组织结构方面、工作业务流程方面、人力资源建设方面、企业文化方面以及企业的社会公共关系等方面。这一部分是从企业的组织构成及存在条件的整体角度出发，对企业的知识管理优化活动进行评测

请您根据贵公司的实际情况，在适当的方格内打"√"

			非常同意	同意	无意间	不同意	非常不同意
			5	4	3	2	1
基础设施建设层面	信息技术	E1　公司使用信息技术，存放各种类型的知识					
		E2　员工可以方便地通过公司信息管理系统获得工作所需的信息和知识					
		E3　公司重视信息系统的建设，促进知识的获取、传播、应用和保护					
		E4　不同部门和地方的员工可以通过网络方便地交流信息和知识					
		E5　行业知识管理技术的进步为公司的业务发展提供了较好的机会					

基础设施建设层面	组织结构	E6	公司组织结构阻碍了不同部门间员工的知识交流和共享			
		E7	公司鼓励员工不考虑组织结构层级可到任何部门获得所需知识			
		E8	公司的组织结构体系鼓励集体合作胜于个别行为			
		E9	公司组织结构有利于技术、规则、方案等新知识的产生			
	组织制度	E10	公司明文规定了哪些知识的获取是被限制的			
		E11	公司使用权限管理等技术来限制某些核心知识的存取			
		E12	公司有保护其知识免遭窃取的措施			
		E13	公司有保护其知识免遭内外部不适当使用的措施，比如信息核对、二次校对等工作程序			
		E14	公司有严密的政策与程序来保护商业机密			
业务流程层面	业务执行能力	F1	公司具有将竞争情报转化为行动计划的执行程序流程			
		F2	拥有与客户进行项目洽谈协商的知识储备			
		F3	对客户的响应时间短			
		F4	公司按照承诺的时间提供产品/服务			
		F5	公司为客户提供专业、针对性的产品/服务			
	项目推进能力	F6	公司能够迅速地组织起由专家、教授、资深行业从业者构成的项目咨询顾问团队			
		F7	公司能够利用以往的知识经验迅速完成新项目的准备工作			
		F8	可以迅速并准确地查找得出客户企业在生产经营中存在的问题及潜在威胁			
		F9	具备保证项目实施阶段中持续的知识供给能力，能够及时发现问题并能做出科学合理的调整			
		F10	公司可以在项目结束后进行售后跟踪调查，掌握客户对所购知识产品的利用情况			
人力资源建设层面		G1	注重人才招聘，具备完整的人才引进、考核系统			
		G2	有着完善的人才晋升选拔制度			
		G3	公司对员工的在职培训和学习非常重视			
		G4	经培训后，员工所提项目改进方案数量及被公司采纳的建议数量正在逐步增加			
		G5	公司为不同教育程度、专业素养的员工编制不同的培训计划和课程项目			

企业文化层面	知识共享	H1	公司员工对知识共享有很强的参与感				
		H2	员工开会时可以毫无顾忌地发言，不会回避争议性问题				
		H3	公司高层积极倡导知识共享的文化				
	知识创新	H4	公司鼓励员工进行探索和试验，容许员工尝试失败				
		H5	鼓励团队或个人的知识创新活动				
		H6	详细记录每次知识创新的过程				
	知识保护	H7	公司尊重并保护个人资料				
		H8	公司重视保护个体员工头脑中的知识				
		H9	公司注重知识保护技术的利用，如外网限制				
	公共关系	H10	公司与金融机构的联系很密切				
		H11	公司与政府部门的联系很密切				
		H12	公司与行业协会的联系很密切				

第三部分：个人数据，请您在适当的"□"上打"√"谢谢

1. 您的性别：男□ 女□
2. 您的年龄：20~25 岁□
   　26~30 岁□
   　31~35 岁□
   　36~40 岁□
   　41~45 岁□
   　46 岁以上□
3. 您的最高学历：
   　高中及以下□
   　专科□
   　本科□
   　硕士及以上□
4. 您的工作年资：3 年以下□
   　3 年以上至 5 年（含）□
   　5 年以上至 10 年（含）□
   　10 年以上至 15 年（含）□
   　15 年以上□
5. 您目前的职级：初级□ 中级□ 高级□
6. 贵公司是否已经推行知识管理：
   　是（公司已大力推行□ 刚刚开始推行□）
   　否（规划中□ 即将规划□ 尚无任何规划□）

附录二 指标（题目）编号经改动后的最终问卷样式

第一部分：基于知识生产及知识运动过程的企业知识管理优化

知识生产及知识运动过程指知识或信息在企业内、外部进行生产、流通、交换的全过程，是从知识运动角度对于企业知识管理优化进行考量。具体过程包括知识的收集储备过程、知识的生产过程、知识重组再造过程、知识创新过程、知识沉淀过程以及知识的转移共享过程等

请您根据贵公司的实际情况，在适当的方格内打"√"

知识获取过程	A1	贵公司有项目所需信息知识的可持续获取来源，如年报、专家系统、网络数据库、书籍等
	A2	公司将各种知识用文字化方式记录下来，转换为工作手册或数据库、知识库等
	A3	公司内的知识组织活动具有标准化的特征（如统一的内部文件管理体系、标准化的知识记录）
	A4	公司的核心知识大部分存在于个别员工身上
	A5	公司注重从员工的工作中总结吸收知识以及从商业伙伴处借鉴知识
	A6	公司的核心知识大部分存在于数据库（案例库、专家库等）中
知识沉淀过程	B1	有按行业分类或按项目分类编制的比较系统、完善的知识索引，方便查询某一主题范围内的知识内容
	B2	公司编制有可以按关键词、主题词或企业名称等内容进行检索查找的知识摘要
	B3	公司具备筛选、过滤知识的执行程序，能够迅速提取有用的知识信息，排除干扰信息项
	B4	有清晰的客户知识（包括客户信息、客户提出的建议等）的分类程序，如 CRM 系统
	B5	公司有清晰的生产（业务）流程知识分类程序
	B6	管理人员经常检查核对企业文档、数据库、知识库内容，以避免错误的产生
知识创新过程	C1	公司能从以前的项目汲取经验并将其应用到新的项目中
	C2	公司积极应用已有的知识创造新知识
	C3	通过招聘新的员工获取新的知识
	C4	善于从错误或过去的经验中学习新的知识
	C5	公司能够有效应用知识解决新问题

续表

第二部分：基于企业组织整合层面的知识管理优化

这里的"企业组织整合"指企业存在的整体构成情况，包括企业的组织结构方面、工作业务流程方面、人力资源建设方面、企业文化方面以及企业的社会公共关系等方面。这一部分是从企业的组织构成及存在条件的整体角度出发，对企业的知识管理优化活动进行评测

请您根据贵公司的实际情况，在适当的方格内打"√"

基础设施建设层面	信息技术	D1	公司使用信息技术，存放各种类型的知识
		D2	员工可以方便地通过公司信息管理系统获得工作所需要的信息和知识
		D3	公司重视信息系统的建设，促进知识的获取、传播、应用和保护
		D4	不同部门和地方的员工可以通过网络方便地交流信息和知识
		D5	行业知识管理技术的进步为公司的业务发展提供了较好的机会
	组织结构	E1	公司组织结构阻碍了不同部门间员工的知识交流和共享
		E2	公司鼓励员工不考虑组织结构层级可到任何部门获得所需知识
		E3	公司的组织结构体系鼓励集体合作胜于个别行为
		E4	公司组织结构有利于技术、规则、方案等新知识的产生
	组织制度	F1	公司明文规定了哪些知识的获取是被限制的
		F2	公司使用权限管理等技术来限制某些核心知识的存取
		F3	公司有保护其知识免遭窃取的措施
		F4	公司有保护其知识免遭内外部不适当使用的措施，如有信息核对、二次校对等工作程序
		F5	公司有严密的政策与程序来保护商业机密
业务流程层面	业务执行能力	G1	公司具有将竞争情报转化为行动计划的执行程序流程
		G2	拥有与客户进行项目洽谈协商的知识储备
		G3	对客户的响应时间短
		G4	公司按照承诺的时间提供产品/服务
		G5	公司为客户提供专业、针对性的产品/服务
	项目推进能力	H1	公司能够迅速地组织起由专家、教授、资深行业从业者构成的项目咨询顾问团队
		H2	公司能够利用以往的知识经验迅速完成新项目的准备工作
		H3	可以迅速并准确地查找得出客户企业在生产经营中存在的问题及潜在威胁
		H4	具备保证项目实施阶段中持续的知识供给能力，能够及时发现问题并能做出科学合理的调整
		H5	公司可以在项目结束后进行售后跟踪调查，掌握客户对所购知识产品的利用情况

续表

企业文化层面	知识共享	I1	公司员工对知识共享有很强的参与感
		I2	员工开会时可以毫无顾忌地发言，不会可以回避争议性问题
		I3	公司高层积极倡导知识共享的文化
	知识创新	J1	公司鼓励员工进行探索和试验，容许员工尝试失败
		J2	鼓励团队或个人的知识创新活动
		J3	详细记录每次知识创新的过程
	知识保护	K1	公司尊重并保护个人资料
		K2	公司重视保护个体员工头脑中的知识
		K3	公司注重知识保护技术的利用，如外网限制

附录三　效度修正后网调问卷的相关矩阵

	A1	A2	B1	B2	B3	C1	C2	C4	C5	D1	D2	D3	D4	E1	E2	F3	F4	F5	G2	G3	G5	H1	H2	H3	H4	I2	I3	J2	J3	K1	K2
A1	1.00	0.41	0.26	0.20	0.15	0.10	0.25	0.24	0.28	0.05	0.26	0.09	0.14	0.13	0.12	0.18	0.13	0.26	0.06	0.22	0.10	0.14	0.27	0.25	0.28	0.24	0.28	0.17	0.12	0.25	0.25
A2	0.41	1.00	0.38	0.37	0.34	0.22	0.29	0.38	0.35	0.33	0.41	0.27	0.25	0.17	0.31	0.21	0.39	0.35	0.28	0.26	0.25	0.32	0.39	0.38	0.36	0.32	0.35	0.36	0.28	0.34	0.35
B1	0.26	0.38	1.00	0.63	0.61	0.36	0.37	0.39	0.45	0.43	0.57	0.50	0.31	0.19	0.43	0.44	0.47	0.47	0.51	0.38	0.42	0.47	0.48	0.56	0.59	0.48	0.45	0.43	0.52	0.46	0.51
B2	0.20	0.37	0.63	1.00	0.67	0.33	0.49	0.49	0.48	0.50	0.57	0.54	0.45	0.33	0.43	0.36	0.50	0.46	0.43	0.41	0.39	0.49	0.48	0.43	0.42	0.42	0.47	0.49	0.48	0.55	0.57
B3	0.15	0.34	0.61	0.67	1.00	0.49	0.58	0.48	0.57	0.55	0.52	0.62	0.45	0.28	0.50	0.43	0.57	0.52	0.58	0.40	0.47	0.57	0.45	0.52	0.54	0.48	0.44	0.58	0.56	0.52	0.56
C1	0.10	0.22	0.36	0.33	0.49	1.00	0.58	0.53	0.55	0.46	0.46	0.53	0.46	0.19	0.41	0.40	0.52	0.58	0.40	0.38	0.59	0.59	0.48	0.51	0.54	0.49	0.48	0.51	0.54	0.48	0.45
C2	0.25	0.29	0.37	0.49	0.58	0.58	1.00	0.51	0.63	0.48	0.54	0.52	0.50	0.17	0.38	0.34	0.55	0.49	0.43	0.38	0.44	0.51	0.55	0.45	0.51	0.42	0.42	0.56	0.43	0.56	0.50
C4	0.24	0.38	0.39	0.49	0.48	0.53	0.51	1.00	0.61	0.47	0.54	0.47	0.40	0.24	0.36	0.44	0.45	0.39	0.40	0.41	0.47	0.47	0.51	0.47	0.48	0.50	0.47	0.48	0.48	0.47	0.52
C5	0.28	0.35	0.45	0.48	0.57	0.55	0.63	0.61	1.00	0.57	0.60	0.57	0.45	0.19	0.41	0.61	0.56	0.52	0.56	0.52	0.51	0.53	0.58	0.62	0.61	0.56	0.54	0.55	0.52	0.51	0.59
D1	0.05	0.33	0.43	0.50	0.55	0.46	0.52	0.47	0.57	1.00	0.59	0.63	0.52	0.23	0.24	0.52	0.49	0.44	0.44	0.35	0.41	0.54	0.45	0.45	0.48	0.51	0.50	0.56	0.54	0.50	0.57
D2	0.26	0.41	0.57	0.57	0.52	0.46	0.54	0.54	0.60	0.59	1.00	0.58	0.50	0.28	0.40	0.50	0.52	0.53	0.51	0.37	0.38	0.60	0.54	0.56	0.52	0.48	0.50	0.44	0.56	0.51	0.58
D3	0.09	0.27	0.50	0.54	0.62	0.53	0.52	0.47	0.57	0.63	0.58	1.00	0.59	0.15	0.42	0.46	0.57	0.49	0.54	0.40	0.51	0.56	0.49	0.55	0.57	0.48	0.40	0.56	0.53	0.57	0.47
D4	0.14	0.25	0.31	0.45	0.45	0.46	0.50	0.40	0.45	0.52	0.50	0.59	1.00	0.23	0.41	0.42	0.51	0.44	0.45	0.27	0.38	0.51	0.44	0.43	0.37	0.35	0.37	0.48	0.43	0.52	0.52
E1	0.13	0.17	0.19	0.33	0.28	0.19	0.17	0.24	0.19	0.23	0.28	0.15	0.23	1.00	0.39	0.15	0.24	0.20	0.23	0.26	0.21	0.30	0.21	0.19	0.16	0.23	0.25	0.20	0.30	0.22	0.27
E2	0.12	0.31	0.43	0.43	0.50	0.41	0.38	0.36	0.41	0.24	0.40	0.42	0.41	0.39	1.00	0.23	0.51	0.30	0.48	0.43	0.41	0.49	0.51	0.45	0.45	0.54	0.40	0.46	0.51	0.40	0.49
F3	0.18	0.21	0.21	0.36	0.43	0.43	0.40	0.44	0.61	0.57	0.50	0.46	0.24	0.15	0.23	1.00	0.56	0.64	0.51	0.26	0.44	0.42	0.37	0.50	0.56	0.31	0.41	0.41	0.43	0.54	0.43
F4	0.13	0.39	0.47	0.50	0.57	0.52	0.55	0.45	0.56	0.49	0.52	0.57	0.51	0.24	0.51	0.56	1.00	0.56	0.54	0.39	0.45	0.52	0.49	0.54	0.55	0.46	0.42	0.52	0.52	0.55	0.53
F5	0.26	0.35	0.35	0.46	0.52	0.58	0.49	0.39	0.52	0.44	0.53	0.49	0.44	0.20	0.30	0.64	0.56	1.00	0.48	0.36	0.40	0.47	0.47	0.54	0.59	0.48	0.47	0.44	0.44	0.59	0.53
G2	0.06	0.28	0.51	0.43	0.58	0.56	0.43	0.43	0.56	0.51	0.44	0.54	0.45	0.23	0.48	0.48	0.51	0.54	1.00	0.48	0.59	0.54	0.47	0.53	0.62	0.48	0.53	0.52	0.54	0.54	0.50

187

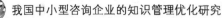 我国中小型咨询企业的知识管理优化研究

续表

	A1	A2	B1	B2	B3	C1	C2	C4	C5	D1	D2	D3	D4	E1	E2	F3	F4	F5	C2	C3	C5	H1	H2	H3	H4	I2	I3	J2	J3	K1	K2
C3	0.22	0.26	0.38	0.41	0.40	0.38	0.38	0.41	0.52	0.35	0.37	0.40	0.27	0.26	0.43	0.26	0.39	0.36	0.48	1.00	0.52	0.35	0.51	0.48	0.52	0.49	0.58	0.46	0.41	0.40	0.40
C5	0.10	0.25	0.42	0.39	0.47	0.59	0.44	0.47	0.51	0.41	0.38	0.51	0.38	0.21	0.41	0.44	0.45	0.40	0.59	0.52	1.00	0.52	0.44	0.50	0.56	0.45	0.58	0.58	0.45	0.51	0.39
H1	0.14	0.32	0.47	0.49	0.57	0.59	0.51	0.47	0.53	0.54	0.60	0.56	0.51	0.30	0.49	0.42	0.52	0.47	0.54	0.35	0.52	1.00	0.61	0.59	0.49	0.57	0.58	0.55	0.53	0.52	0.54
H2	0.27	0.39	0.48	0.48	0.45	0.48	0.55	0.51	0.58	0.45	0.54	0.49	0.44	0.21	0.51	0.37	0.49	0.47	0.47	0.51	0.44	0.61	1.00	0.69	0.63	0.57	0.57	0.48	0.50	0.48	0.52
H3	0.25	0.38	0.56	0.43	0.52	0.54	0.45	0.47	0.62	0.45	0.56	0.55	0.43	0.19	0.45	0.56	0.53	0.54	0.53	0.48	0.50	0.59	0.69	1.00	0.70	0.58	0.53	0.49	0.57	0.54	0.51
H4	0.28	0.36	0.59	0.42	0.54	0.49	0.42	0.48	0.61	0.48	0.52	0.57	0.37	0.16	0.45	0.56	0.55	0.59	0.62	0.52	0.56	0.49	0.63	0.70	1.00	0.59	0.59	0.60	0.62	0.61	0.53
I2	0.24	0.32	0.48	0.42	0.48	0.49	0.42	0.50	0.56	0.51	0.48	0.48	0.35	0.23	0.54	0.31	0.46	0.48	0.48	0.49	0.45	0.57	0.57	0.58	0.59	1.00	0.63	0.54	0.60	0.51	0.56
I3	0.28	0.35	0.45	0.47	0.44	0.48	0.42	0.47	0.54	0.50	0.50	0.40	0.37	0.25	0.40	0.41	0.42	0.47	0.53	0.58	0.58	0.58	0.57	0.53	0.59	0.63	1.00	0.57	0.55	0.57	0.55
J2	0.17	0.36	0.43	0.49	0.58	0.51	0.56	0.48	0.55	0.56	0.44	0.56	0.48	0.20	0.46	0.41	0.52	0.44	0.46	0.46	0.58	0.55	0.48	0.49	0.60	0.54	0.57	1.00	0.66	0.62	0.61
J3	0.12	0.28	0.52	0.48	0.56	0.54	0.43	0.48	0.52	0.54	0.56	0.53	0.43	0.30	0.51	0.43	0.52	0.44	0.54	0.50	0.52	0.53	0.50	0.57	0.62	0.52	0.55	0.66	1.00	0.60	0.63
K1	0.25	0.34	0.46	0.55	0.52	0.48	0.56	0.47	0.51	0.50	0.51	0.57	0.52	0.22	0.40	0.54	0.55	0.59	0.54	0.40	0.51	0.52	0.48	0.54	0.61	0.51	0.57	0.62	0.60	1.00	0.66
K2	0.25	0.35	0.51	0.57	0.56	0.45	0.50	0.52	0.59	0.57	0.58	0.47	0.52	0.27	0.49	0.43	0.53	0.53	0.50	0.40	0.39	0.54	0.52	0.51	0.53	0.56	0.55	0.61	0.63	0.66	1.00

188